PRÉFACE

La collection de guides de conversation "Tout ira bien!", publié par T&P Books, est conçue pour les gens qui voyagent par affaire ou par plaisir. Les guides de conversations contiennent le plus important - l'essentiel pour la communication de base. Il s'agit d'une série indispensable de phrases pour survivre à l'étranger.

Ce guide de conversation vous aidera dans la plupart des cas où vous devez demander quelque chose, trouver une direction, découvrir le prix d'un souvenir, etc. Il peut aussi résoudre des situations de communication difficile lorsque la gesticulation n'aide pas.

Ce livre contient beaucoup de phrases qui ont été groupées par thèmes. Vous trouverez aussi un petit dictionnaire de plus de 1500 mots importants et utiles.

Emmenez avec vous un guide de conversation "Tout ira bien!" sur la route et vous aurez un compagnon de voyage irremplaçable qui vous aidera à vous sortir de toutes les situations et vous enseignera à ne pas avoir peur de parler aux étrangers.

TABLE DES MATIÈRES

T&P Books Publishing

Collection de guides de conversation
"Tout ira bien!"

T&P Books Publishing

GUIDE DE CONVERSATION
TURC

LES PHRASES LES PLUS UTILES

Ce guide de conversation contient les phrases et les questions les plus communes et nécessaires pour communiquer avec des étrangers

Par Andrey Taranov

T&P BOOKS

Guide de conversation + dictionnaire de 1500 mots

Guide de conversation Français-Turc et dictionnaire concis de 1500 mots

Par Andrey Taranov

La collection de guides de conversation "Tout ira bien!", publiée par T&P Books, est conçue pour les gens qui voyagent par affaire ou par plaisir. Les guides contiennent l'essentiel pour la communication de base. Il s'agit d'une série indispensable de phrases pour "survivre" à l'étranger.

Une autre section du livre contient un petit dictionnaire de plus de 1500 mots les plus utilisés. Le dictionnaire inclut beaucoup de termes gastronomiques et peut être utile lorsque vous faites le marché ou commandez des plats au restaurant.

T&P Books Publishing
www.tpbooks.com

ISBN: 978-1-78492-547-5

Ce livre existe également en format électronique.
Pour plus d'informations, veuillez consulter notre site: www.tpbooks.com
ou rendez-vous sur ceux des grandes librairies en ligne.

PRONONCIATION

Lettre	Exemple en turc	Alphabet phonétique T&P	Exemple en français

Voyelles

A a	ada	[a]	classe
E e	eş	[e]	équipe
I ı	tıp	[ɪ]	capital
İ i	isim	[i]	stylo
O o	top	[ɔ]	robinet
Ö ö	ödül	[ø]	peu profond
U u	mum	[u]	boulevard
Ü ü	süt	[y]	Portugal

Consonnes

B b	baba	[b]	bureau
C c	cam	[dʒ]	adjoint
Ç ç	çay	[tʃ]	match
D d	diş	[d]	document
F f	fikir	[f]	formule
G g	güzel	[g]	gris
Ğ ğ¹	oğul		muet
Ğ ğ²	öğle vakti	[j]	maillot
H h	hata	[h]	h aspiré
J j	jest	[ʒ]	jeunesse
K k	komşu	[k]	bocal
L l	lise	[l]	vélo
M m	meydan	[m]	minéral
N n	neşe	[n]	ananas
P p	posta	[p]	panama
R r	rakam	[r]	racine
S s	sabah	[s]	syndicat
Ş ş	şarkı	[ʃ]	chariot
T t	tren	[t]	tennis

Lettre	Exemple en turc	Alphabet phonétique T&P	Exemple en français
V v	vazo	[v]	rivière
Y y	yaş	[j]	maillot
Z z	zil	[z]	gazeuse

Remarques

* Ww, Xx : caractères employés uniquement dans les mots d'origine étrangère
[1] muet après les voyelles dures (a, i, o, u) et allonge cette voyelle
[2] après les voyelles douces (e, i, ö, ü)

LISTE DES ABRÉVIATIONS

Abréviations en français

adj	-	adjective
adv	-	adverbe
anim.	-	animé
conj	-	conjonction
dénombr.	-	dénombrable
etc.	-	et cetera
f	-	nom féminin
f pl	-	féminin pluriel
fam.	-	familiar
fem.	-	féminin
form.	-	formal
inanim.	-	inanimé
indénombr.	-	indénombrable
m	-	nom masculin
m pl	-	masculin pluriel
m, f	-	masculin, féminin
masc.	-	masculin
math	-	mathematics
mil.	-	militaire
pl	-	pluriel
prep	-	préposition
pron	-	pronom
qch	-	quelque chose
qn	-	quelqu'un
sing.	-	singulier
v aux	-	verbe auxiliaire
v imp	-	verbe impersonnel
vi	-	verbe intransitif
vi, vt	-	verbe intransitif, transitif
vp	-	verbe pronominal
vt	-	verbe transitif

T&P BOOKS

GUIDE DE CONVERSATION TURC

Cette section contient
des phrases importantes
qui peuvent être utiles dans
des situations courantes.
Le guide vous aidera
à demander des directions,
clarifier le prix, acheter
des billets et commander
des plats au restaurant

T&P Books Publishing

CONTENU DU GUIDE
DE CONVERSATION

T&P Books Publishing

Excusez-moi, ...

Affedersiniz, ...
[affedɛrsiniz, ...]

Bonjour

Merhaba.
[mɛrhaba]

Merci

Teşekkürler.
[tɛʃekkyrlɛr]

Au revoir

Hoşça kalın.
[hoʃʧa kalın]

Oui

Evet.
[ɛvet]

Non

Hayır.
[hajır]

Je ne sais pas.

Bilmiyorum.
[bilmijorum]

Où? | Où? | Quand?

Nerede? | Nereye? | Ne zaman?
[nɛrɛdɛ? | nɛrɛje? | nɛ zaman?]

J'ai besoin de ...

Bana ... lazım.
[bana ... lazım]

Je veux ...

... istiyorum.
[... istijorum]

Avez-vous ... ?

Sizde ... var mı?
[sizdɛ ... var mı?]

Est-ce qu'il y a ... ici?

Burada ... var mı?
[burada ... var mı?]

Puis-je ... ?

... yapabilir miyim?
[... japabilir mijim?]

s'il vous plaît (pour une demande)

..., lütfen
[..., lytfɛn]

Je cherche ...

Ben ... arıyorum.
[ben ... arıjorum]

les toilettes

tuvaleti
[tuvaleti]

un distributeur

bankamatik
[bankamatik]

une pharmacie

eczane
[ɛdʒzane]

l'hôpital

hastane
[hastanɛ]

le commissariat de police

karakolu
[karakolu]

une station de métro

metroyu
[metroju]

| un taxi | **taksi**
[taksi] |
| la gare | **tren istasyonunu**
[tren istasjonunu] |

Je m'appelle ...	**Benim adım ...** [benim adım ...]
Comment vous appelez-vous?	**Adınız nedir?** [adınız nɛdir?]
Aidez-moi, s'il vous plaît.	**Bana yardım edebilir misiniz, lütfen?** [bana jardım ɛdɛbilir misiniz, lytfɛn?]
J'ai un problème.	**Bir sorunum var.** [bir sorunum var]
Je ne me sens pas bien.	**Kendimi iyi hissetmiyorum.** [kendimi iji hissɛtmijorum]
Appelez une ambulance!	**Ambulans çağırın!** [ambulans ʧaːırın!]
Puis-je faire un appel?	**Telefonunuzdan bir arama yapabilir miyim?** [tɛlefonunuzdan bir arama japabilir mijim?]

| Excusez-moi. | **Üzgünüm.**
[yzgynym] |
| Je vous en prie. | **Rica ederim.**
[ridʒa ɛdɛrim] |

je, moi	**Ben, bana** [ben, bana]
tu, toi	**sen** [sen]
il	**o** [o]
elle	**o** [o]
ils	**onlar** [onlar]
elles	**onlar** [onlar]
nous	**biz** [biz]
vous	**siz** [siz]
Vous	**siz** [siz]

ENTRÉE	**GİRİŞ** [giriʃ]
SORTIE	**ÇIKIŞ** [ʧıkıʃ]
HORS SERVICE | EN PANNE	**HİZMET DIŞI** [hizmɛt diʃi]

FERMÉ	**KAPALI** [kapali]
OUVERT	**AÇIK** [atʃik]
POUR LES FEMMES	**KADINLAR İÇİN** [kadinlar itʃin]
POUR LES HOMMES	**ERKEKLER İÇİN** [ɛrkeklɛr itʃin]

Questions

Où? (lieu)	**Nerede?** [nɛrɛdɛ?]
Où? (direction)	**Nereye?** [nɛrɛje?]
D'où?	**Nereden?** [nɛrɛdɛn?]
Pourquoi?	**Neden?** [nɛdɛn?]
Pour quelle raison?	**Niçin?** [nitʃin?]
Quand?	**Ne zaman?** [nɛ zaman?]
Combien de temps?	**Ne kadar sürdü?** [nɛ kadar syrdy?]
À quelle heure?	**Ne zaman?** [nɛ zaman?]
C'est combien?	**Ne kadar?** [nɛ kadar?]
Avez-vous … ?	**Sizde … var mı?** [sizdɛ … var mı?]
Où est …, s'il vous plaît?	**… nerede?** [… nɛrɛdɛ?]
Quelle heure est-il?	**Saat kaç?** [saat katʃ?]
Puis-je faire un appel?	**Telefonunuzdan bir arama yapabilir miyim?** [tɛlefonunuzdan bir arama japabilir mijim?]
Qui est là?	**Kim o?** [kim o?]
Puis-je fumer ici?	**Burada sigara içebilir miyim?** [burada sigara itʃebilir mijim?]
Puis-je …?	**… yapabilir miyim?** [… japabilir mijim?]

Besoins

Je voudrais ...	**... istiyorum.** [... istijorum]
Je ne veux pas ...	**... istemiyorum.** [... istɛmijorum]
J'ai soif.	**Susadım.** [susadım]
Je veux dormir.	**Uyumak istiyorum.** [ujumak istijorum]
Je veux ...	**... istiyorum.** [... istijorum]
me laver	**Elimi yüzümü yıkamak** [ɛlimi jyzymy jıkamak]
brosser mes dents	**Dişlerimi fırçalamak** [diʃlerimi fırtʃalamak]
me reposer un instant	**Biraz dinlenmek** [biraz dinlenmek]
changer de vêtements	**Üstümü değiştirmek** [ystymy dɛ:iʃtirmek]
retourner à l'hôtel	**Otele geri dönmek** [otɛle geri dønmek]
acheter ...	**... satın almak** [... satın almak]
aller à ...	**... gitmek** [... gitmek]
visiter ...	**... ziyaret etmek** [... zijarɛt ɛtmek]
rencontrer ...	**... ile buluşmak** [... ile buluʃmak]
faire un appel	**Bir arama yapmak** [bir arama japmak]
Je suis fatigué /fatiguée/	**Yorgunum.** [jorgunum]
Nous sommes fatigués /fatiguées/	**Yorgunuz.** [jorgunuz]
J'ai froid.	**Üşüdüm.** [yʃydym]
J'ai chaud.	**Sıcakladım.** [sıdʒakladım]
Je suis bien.	**İyiyim.** [ijijim]

Il me faut faire un appel.

Telefon etmem lazım.
[tɛlefon ɛtmɛm lazım]

J'ai besoin d'aller aux toilettes.

Lavaboya gitmem lazım.
[lavaboja gitmɛm lazım]

Il faut que j'aille.

Gitmem gerek.
[gitmɛm gerek]

Je dois partir maintenant.

Artık gitmem gerek.
[artık gitmɛm gerek]

Comment demander la direction

Excusez-moi, ...

Affedersiniz, ...
[affedɛrsiniz, ...]

Où est ..., s'il vous plaît?

... nerede?
[... nɛrɛdɛ?]

Dans quelle direction est ... ?

... ne tarafta?
[... nɛ tarafta?]

Pouvez-vous m'aider, s'il vous plaît ?

Bana yardımcı olabilir misiniz, lütfen?
[bana jardımdʒı olabilir misiniz, lytfɛn?]

Je cherche ...

... arıyorum.
[... arıjorum]

La sortie, s'il vous plaît?

Çıkışı arıyorum.
[tʃıkıʃı arıjorum]

Je vais à ...

... gidiyorum.
[... gidijorum]

C'est la bonne direction pour ...?

... gitmek için doğru yolda mıyım?
[... gitmek itʃin do:ru jolda mıjım?]

C'est loin?

Uzak mıdır?
[uzak mıdır?]

Est-ce que je peux y aller à pied?

Oraya yürüyerek gidebilir miyim?
[oraja jyryjerek gidɛbilir mijim?]

Pouvez-vous me le montrer sur la carte?

Yerini haritada gösterebilir misiniz?
[jerini haritada gøstɛrɛbilir misiniz?]

Montrez-moi où sommes-nous, s'il vous plaît.

Şu an nerede olduğumuzu gösterir misiniz?
[ʃu an nɛrɛdɛ oldu:umuzu gøstɛrir misiniz?]

Ici

Burada
[burada]

Là-bas

Orada
[orada]

Par ici

Bu taraftan
[bu taraftan]

Tournez à droite.

Sağa dönün.
[sa:a dønyn]

Tournez à gauche.

Sola dönün.
[sola dønyn]

Prenez la première (deuxième, troisième) rue.

ilk (ikinci, üçüncü) çıkış
[ilk (ikindʒi, ytʃyndʒy) tʃıkıʃ]

à droite

sağa
[sa:a]

à gauche

sola
[sola]

Continuez tout droit.

Dümdüz gidin.
[dymdyz gidin]

Affiches, Pancartes

BIENVENUE!	**HOŞ GELDİNİZ!** [hoʃ gɛldiniz!]
ENTRÉE	**GİRİŞ** [giriʃ]
SORTIE	**ÇIKIŞ** [ʧikiʃ]
POUSSEZ	**İTİNİZ** [itiniz]
TIREZ	**ÇEKİNİZ** [ʧekiniz]
OUVERT	**AÇIK** [aʧik]
FERMÉ	**KAPALI** [kapali]
POUR LES FEMMES	**BAYAN** [bajan]
POUR LES HOMMES	**BAY** [baj]
MESSIEURS (M)	**BAY** [baj]
FEMMES (F)	**BAYAN** [bajan]
RABAIS | SOLDES	**İNDİRİM** [indirim]
PROMOTION	**İNDİRİM** [indirim]
GRATUIT	**BEDAVA** [bedava]
NOUVEAU!	**YENİ!** [jeni!]
ATTENTION!	**DİKKAT!** [dikkat!]
COMPLET	**BOŞ YER YOK** [boʃ jer jok]
RÉSERVÉ	**REZERVE** [rezɛrvɛ]
ADMINISTRATION	**MÜDÜRİYET** [mydyrijet]
PERSONNEL SEULEMENT	**PERSONEL HARİCİ GİRİLMEZ** [persɔnɛl hariʤi girilmɛz]

ATTENTION AU CHIEN!	**DİKKAT KÖPEK VAR!** [dikkat køpek var!]
NE PAS FUMER!	**SİGARA İÇMEK YASAKTIR!** [sigara itʃmek jasaktir!]
NE PAS TOUCHER!	**DOKUNMAYINIZ!** [dokunmajiniz!]
DANGEREUX	**TEHLİKELİ** [tehlikɛli]
DANGER	**TEHLİKE** [tehlikɛ]
HAUTE TENSION	**YÜKSEK GERİLİM** [jyksek gerilim]
BAIGNADE INTERDITE!	**YÜZMEK YASAKTIR!** [jyzmek jasaktir!]

HORS SERVICE | EN PANNE	**HİZMET DIŞI** [hizmɛt diʃi]
INFLAMMABLE	**YANICI** [janidʒi]
INTERDIT	**YASAK** [jasak]
ENTRÉE INTERDITE!	**GİRİLMEZ!** [girilmɛz!]
PEINTURE FRAÎCHE	**YENİ BOYANMIŞ ALAN** [jeni bojanmiʃ alan]

FERMÉ POUR TRAVAUX	**TADİLAT SEBEBİYLE KAPALIDIR** [tadilat sebɛbijlɛ kapalidir]
TRAVAUX EN COURS	**İLERİDE YOL ÇALIŞMASI VAR** [ileridɛ jol tʃaliʃmasi var]
DÉVIATION	**TALİ YOL** [tali jol]

Transport - Phrases générales

avion	**uçak** [utʃak]
train	**tren** [tren]
bus, autobus	**otobüs** [otobys]
ferry	**feribot** [feribot]
taxi	**taksi** [taksi]
voiture	**araba** [araba]

horaire	**tarife** [tarifɛ]
Où puis-je voir l'horaire?	**Tarifeyi nereden görebilirim?** [tarifɛji nɛrɛdɛn gørebilirim?]
jours ouvrables	**haftaiçi** [hafta itʃi]
jours non ouvrables	**haftasonu** [hafta sonu]
jours fériés	**tatil günleri** [tatil gynleri]

DÉPART	**KALKIŞ** [kalkiʃ]
ARRIVÉE	**VARIŞ** [variʃ]
RETARDÉE	**RÖTARLI** [røtarli]
ANNULÉE	**İPTAL** [iptal]

prochain (train, etc.)	**bir sonraki** [bir sonraki]
premier	**ilk** [ilk]
dernier	**son** [son]

À quelle heure est le prochain ...?	**Bir sonraki ... ne zaman?** [bir sonraki ... nɛ zaman?]
À quelle heure est le premier ...?	**İlk ... ne zaman?** [ilk ... nɛ zaman?]

À quelle heure est le dernier …?	**Son … ne zaman?** [son … nɛ zaman?]
correspondance	**aktarma** [aktarma]
prendre la correspondance	**aktarma yapmak** [aktarma japmak]
Dois-je prendre la correspondance?	**Aktarma yapmam gerekiyor mu?** [aktarma japmam gerekijor mu?]

Acheter un billet

Où puis-je acheter des billets?	**Nereden bilet alabilirim?** [nɛrɛdɛn bilet alabilirim?]
billet	**bilet** [bilet]
acheter un billet	**bilet almak** [bilet almak]
le prix d'un billet	**bilet fiyatı** [bilet fijatı]
Pour aller où?	**Nereye?** [nɛrɛje?]
Quelle destination?	**Hangi istasyona?** [hangi istasjona?]
Je voudrais ...	**Bana ... lazım.** [bana ... lazım]
un billet	**bir bilet** [bir bilet]
deux billets	**iki bilet** [iki bilet]
trois billets	**üç bilet** [yʧ bilet]
aller simple	**tek yön** [tek jøn]
aller-retour	**gidiş-dönüş** [gidiʃ-dønyʃ]
première classe	**birinci sınıf** [birinʤi sınıf]
classe économique	**ikinci sınıf** [ikinʤi sınıf]
aujourd'hui	**bugün** [bugyn]
demain	**yarın** [jarın]
après-demain	**yarından sonraki gün** [jarından sonraki gyn]
dans la matinée	**sabah** [sabah]
l'après-midi	**öğleden sonra** [øːøledɛn sonra]
dans la soirée	**akşam** [akʃam]

siège côté couloir

koridor tarafı koltuk
[koridor tarafı koltuk]

siège côté fenêtre

pencere kenarı koltuk
[pendʒɛrɛ kɛnarı koltuk]

C'est combien?

Ne kadar?
[nɛ kadar?]

Puis-je payer avec la carte?

Kredi kartıyla ödeyebilir miyim?
[krɛdi kartıjla ødejebilir mijim?]

L'autobus

bus, autobus	**otobüs** [otobys]
autocar	**şehirler arası otobüs** [ʃɛhirlɛr arası otobys]
arrêt d'autobus	**otobüs durağı** [otobys duraːı]
Où est l'arrêt d'autobus le plus proche?	**En yakın otobüs durağı nerede?** [ɛn jakın otobys duraːı nɛrɛdɛ?]
numéro	**numara** [numara]
Quel bus dois-je prendre pour aller à ...?	**... gitmek için hangi otobüse binmem lazım?** [... gitmek itʃin hangi otobysɛ binmem lazım?]
Est-ce que ce bus va à ...?	**Bu otobüs ... gider mi?** [bu otobys ... gidɛr mi?]
L'autobus passe tous les combien?	**Ne sıklıkta otobüs var?** [nɛ sıklıkta otobys var?]
chaque quart d'heure	**on beş dakikada bir** [on beʃ dakikada bir]
chaque demi-heure	**her yarım saatte bir** [hɛr jarım saattɛ bir]
chaque heure	**saat başı** [saat baʃı]
plusieurs fois par jour	**günde birçok sefer** [gyndɛ birtʃok sefɛr]
... fois par jour	**günde ... kere** [gyndɛ ... kerɛ]
horaire	**tarife** [tarifɛ]
Où puis-je voir l'horaire?	**Tarifeyi nereden görebilirim?** [tarifɛji nɛrɛdɛn gørebilirim?]
À quelle heure passe le prochain bus?	**Bir sonraki otobüs ne zaman?** [bir sonraki otobys nɛ zaman?]
À quelle heure passe le premier bus?	**İlk otobüs ne zaman?** [ilk otobys nɛ zaman?]
À quelle heure passe le dernier bus?	**Son otobüs ne zaman?** [son otobys nɛ zaman?]
arrêt	**durak** [durak]

prochain arrêt	**sonraki durak** [sonraki durak]
terminus	**son durak** [son durak]
Pouvez-vous arrêter ici, s'il vous plaît.	**Burada durun lütfen.** [burada durun lytfɛn]
Excusez-moi, c'est mon arrêt.	**Affedersiniz, bu durakta ineceğim.** [affedɛrsiniz, bu durakta inedʒɛ:im]

Train

train	**tren** [tren]
train de banlieue	**banliyö treni** [banlijø treni]
train de grande ligne	**uzun mesafe treni** [uzun mesafɛ treni]
la gare	**tren istasyonu** [tren istasjonu]
Excusez-moi, où est la sortie vers les quais?	**Affedersiniz, perona nasıl gidebilirim?** [affedɛrsiniz, pɛrona nasıl gidɛbilirim?]

Est-ce que ce train va à ...?	**Bu tren ... gider mi?** [bu tren ... gidɛr mi?]
le prochain train	**bir sonraki tren** [bir sonraki tren]
À quelle heure est le prochain train?	**Bir sonraki tren ne zaman?** [bir sonraki tren nɛ zaman?]
Où puis-je voir l'horaire?	**Tarifeyi nereden görebilirim?** [tarifɛji nɛrɛdɛn gørebilirim?]
De quel quai?	**Hangi perondan?** [hangi perondan?]
À quelle heure arrive le train à ...?	**Tren ... ne zaman varır?** [tren ... nɛ zaman varır?]

Pouvez-vous m'aider, s'il vous plaît?	**Lütfen bana yardımcı olur musunuz?** [lytfɛn bana jardımdʒı olur musunuz?]
Je cherche ma place.	**Yerimi arıyorum.** [jerimi arıjorum]
Nous cherchons nos places.	**Yerlerimizi arıyoruz.** [jerlerimizi arıjoruz]
Ma place est occupée.	**Yerimde başkası oturuyor.** [jerimdɛ baʃkası oturujor]
Nos places sont occupées.	**Yerlerimizde başkaları oturuyor.** [jerlerimizdɛ baʃkaları oturujor]

Excusez-moi, mais c'est ma place.	**Affedersiniz, bu benim koltuğum.** [affedɛrsiniz, bu benim koltu:um]
Est-ce que cette place est libre?	**Bu koltuk boş mu?** [bu koltuk boʃ mu?]
Puis-je m'asseoir ici?	**Buraya oturabilir miyim?** [buraja oturabilir mijim?]

Sur le train - Dialogue (Pas de billet)

Votre billet, s'il vous plaît.
Bilet, lütfen.
[bilet, lytfɛn]

Je n'ai pas de billet.
Biletim yok.
[biletim jok]

J'ai perdu mon billet.
Biletimi kaybettim.
[biletimi kajbɛttim]

J'ai oublié mon billet à la maison.
Biletimi evde unuttum.
[biletimi evdɛ unuttum]

Vous pouvez m'acheter un billet.
Biletinizi benden alabilirsiniz.
[biletinizi bɛndɛn alabilirsiniz]

Vous devrez aussi payer une amende.
Ceza da ödemek zorundasınız.
[dʒɛza da ødɛmek zorundasınız]

D'accord.
Tamam.
[tamam]

Où allez-vous?
Nereye gidiyorsunuz?
[nɛrɛje gidijorsunuz?]

Je vais à …
… gidiyorum.
[… gidijorum]

Combien? Je ne comprend pas.
Ne kadar? Anlamıyorum.
[nɛ kadar? anlamıjorum]

Pouvez-vous l'écrire, s'il vous plaît.
Yazar mısınız, lütfen?
[jazar mısınız, lytfɛn?]

D'accord. Puis-je payer avec la carte?
Tamam. Kredi kartıyla ödeyebilir miyim?
[tamam. krɛdi kartıjla ødejebilir mijim?]

Oui, bien sûr.
Evet, olur.
[ɛvet, olur]

Voici votre reçu.
Buyrun, makbuzunuz.
[bujrun, makbuzunuz]

Désolé pour l'amende.
Ceza için üzgünüm.
[dʒɛza itʃin yzgynym]

Ça va. C'est de ma faute.
Önemli değil. Benim hatamdı.
[ønemli dɛːil. benim hatamdı]

Bon voyage.
İyi yolculuklar.
[iji joldʒuluklar]

Taxi

taxi	**taksi** [taksi]
chauffeur de taxi	**taksi şoförü** [taksi ʃoføry]
prendre un taxi	**taksiye binmek** [taksije binmek]
arrêt de taxi	**taksi durağı** [taksi duraːɪ]
Où puis-je trouver un taxi?	**Nereden taksiye binebilirim?** [nɛrɛdɛn taksije binɛbilirim?]
appeler un taxi	**taksi çağırmak** [taksi ʧaːɪrmak]
Il me faut un taxi.	**Bana bir taksi lazım.** [bana bir taksi lazım]
maintenant	**Hemen şimdi.** [hemɛn ʃimdi]
Quelle est votre adresse?	**Adresiniz nedir?** [adrɛsiniz nɛdir?]
Mon adresse est ...	**Adresim ...** [adrɛsim ...]
Votre destination?	**Nereye gideceksiniz?** [nɛrɛje gidɛʤeksiniz?]
Excusez-moi, ...	**Affedersiniz, ...** [affedɛrsiniz, ...]
Vous êtes libre ?	**Müsait misiniz?** [mysait misiniz?]
Combien ça coûte pour aller à ...?	**... gitmek ne kadar tutar?** [... gitmek nɛ kadar tutar?]
Vous savez où ça se trouve?	**Nerede olduğunu biliyor musunuz?** [nɛrɛdɛ olduːunu bilijor musunuz?]
À l'aéroport, s'il vous plaît.	**Havalimanı, lütfen.** [havalimanı, lytfɛn]
Arrêtez ici, s'il vous plaît.	**Burada durun, lütfen.** [burada durun, lytfɛn]
Ce n'est pas ici.	**Burası değil.** [burası dɛːil]
C'est la mauvaise adresse.	**Bu adres yanlış.** [bu adres janlıʃ]
tournez à gauche	**Sola dönün.** [sola dønyn]
tournez à droite	**Sağa dönün.** [saːa dønyn]

Combien je vous dois?

Borcum ne kadar?
[bordʒum nɛ kadar?]

J'aimerais avoir un reçu, s'il vous plaît.

Fiş alabilir miyim, lütfen?
[fiʃ alabilir mijim, lytfɛn?]

Gardez la monnaie.

Üstü kalsın.
[ysty kalsın]

Attendez-moi, s'il vous plaît ...

Beni bekleyebilir misiniz, lütfen?
[beni beklejebilir misiniz, lytfɛn?]

cinq minutes

beş dakika
[beʃ dakika]

dix minutes

on dakika
[on dakika]

quinze minutes

on beş dakika
[on beʃ dakika]

vingt minutes

yirmi dakika
[jirmi dakika]

une demi-heure

yarım saat
[jarım saat]

Hôtel

Bonjour. **Merhaba.**
[mɛrhaba]

Je m'appelle … **Adım …**
[adım …]

J'ai réservé une chambre. **Rezervasyonum var.**
[rezɛrvasjonum var]

Je voudrais … **Bana … lazım.**
[bana … lazım]

une chambre simple **tek kişilik bir oda**
[tek kiʃilik bir oda]

une chambre double **çift kişilik bir oda**
[tʃift kiʃilik bir oda]

C'est combien? **Ne kadar tuttu?**
[nɛ kadar tuttu?]

C'est un peu cher. **Bu biraz pahalı.**
[bu biraz pahalı]

Avez-vous autre chose? **Elinizde başka seçenek var mı?**
[ɛlinizdɛ baʃka setʃɛnek var mı?]

Je vais la prendre. **Bunu alıyorum.**
[bunu alıjorum]

Je vais payer comptant. **Peşin ödeyeceğim.**
[peʃin ødejedʒɛːim]

J'ai un problème. **Bir sorunum var.**
[bir sorunum var]

Mon … est cassé /Ma … est cassée/ **… bozuk.**
[… bozuk]

Mon /Ma/ … ne fonctionne pas. **… çalışmıyor.**
[… tʃalıʃmıjor]

télé **Televizyon**
[tɛlevizjon]

air conditionné **Klima**
[klima]

robinet **Musluk**
[musluk]

douche **Duş**
[duʃ]

évier **Lavabo**
[lavabo]

coffre-fort **Kasa**
[kasa]

serrure de porte	**Kapı kilidi** [kapı kilidi]
prise électrique	**Priz** [priz]
sèche-cheveux	**Saç kurutma makinesi** [saʧ kurutma makinɛsi]

Je n'ai pas ...	**... yok** [... joːk]
d'eau	**Su** [su]
de lumière	**Işık** [iʃık]
d'électricité	**Elektrik** [ɛlektrik]

Pouvez-vous me donner ...?	**Bana ... verebilir misiniz?** [bana ... vɛrɛbilir misiniz?]
une serviette	**bir havlu** [bir havlu]
une couverture	**bir battaniye** [bir battanije]
des pantoufles	**bir terlik** [bir tɛrlik]
une robe de chambre	**bir bornoz** [bir bornoz]
du shampoing	**biraz şampuan** [biraz ʃampuan]
du savon	**biraz sabun** [biraz sabun]

Je voudrais changer ma chambre.	**Odamı değiştirmek istiyorum.** [odamı dɛːiʃtirmek istijorum]
Je ne trouve pas ma clé.	**Anahtarımı bulamıyorum.** [anahtarımı bulamıjorum]
Pourriez-vous ouvrir ma chambre, s'il vous plaît?	**Odamı açabilir misiniz, lütfen?** [odamı aʧabilir misiniz, lytfɛn?]
Qui est là?	**Kim o?** [kim o?]
Entrez!	**Girin!** [girin!]
Une minute!	**Bir dakika!** [bir dakika!]
Pas maintenant, s'il vous plaît.	**Lütfen şimdi değil.** [lytfɛn ʃimdi dɛːil]

Pouvez-vous venir à ma chambre, s'il vous plaît.	**Odama gelin, lütfen.** [odama gelin, lytfɛn]
J'aimerais avoir le service d'étage.	**Odama yemek siparişi vermek istiyorum.** [odama jemek sipariʃi vɛrmek istijorum]

Mon numéro de chambre est le ...	**Oda numaram ...** [oda numaram ...]
Je pars ...	**... gidiyorum.** [... gidijorum]
Nous partons ...	**... gidiyoruz.** [... gidijoruz]
maintenant	**şimdi** [ʃimdi]
cet après-midi	**öğleden sonra** [ø:øledɛn sonra]
ce soir	**bu akşam** [bu akʃam]
demain	**yarın** [jarɪn]
demain matin	**yarın sabah** [jarɪn sabah]
demain après-midi	**yarın akşam** [jarɪn akʃam]
après-demain	**yarından sonraki gün** [jarɪndan sonraki gyn]

Je voudrais régler mon compte.	**Ödeme yapmak istiyorum.** [ødɛmɛ japmak istijorum]
Tout était merveilleux.	**Herşey harikaydı.** [hɛrʃɛj harikajdɪ]
Où puis-je trouver un taxi?	**Nereden taksiye binebilirim?** [nɛrɛdɛn taksije binɛbilirim?]
Pourriez-vous m'appeler un taxi, s'il vous plaît?	**Bana bir taksi çağırır mısınız, lütfen?** [bana bir taksi tʃa:ɪrɪr mɪsɪnɪz, lytfɛn?]

Restaurant

Puis-je voir le menu, s'il vous plaît?
Menüye bakabilir miyim, lütfen?
[mɛnyje bakabilir mijim, lytfɛn?]

Une table pour une personne.
Bir kişilik masa.
[bir kiʃilik masa]

Nous sommes deux (trois, quatre).
İki (üç, dört) kişiyiz.
[iki (ytʃ, dørt) kiʃijiz]

Fumeurs
Sigara içilen bölüm
[sigara itʃilɛn bølym]

Non-fumeurs
Sigara içilmeyen bölüm
[sigara itʃilmejen bølym]

S'il vous plaît!
Affedersiniz!
[affedɛrsiniz!]

menu
menü
[mɛny]

carte des vins
şarap listesi
[ʃarap listɛsi]

Le menu, s'il vous plaît.
Menü, lütfen.
[mɛny, lytfɛn]

Êtes-vous prêts à commander?
Sipariş vermeye hazır mısınız?
[sipariʃ vermɛje hazır mısınız?]

Qu'allez-vous prendre?
Ne alırsınız?
[nɛ alırsınız?]

Je vais prendre ...
... alacağım.
[… aladʒaːım]

Je suis végétarien.
Ben vejetaryenim.
[ben veʒetarjenim]

viande
et
[ɛt]

poisson
balık
[balık]

légumes
sebze
[sebzɛ]

Avez-vous des plats végétariens?
Vejetaryen yemekleriniz var mı?
[veʒetarjen jemekleriniz var mı?]

Je ne mange pas de porc.
Domuz eti yemem.
[domuz ɛti jemɛm]

Il /elle/ ne mange pas de viande.
O et yemez.
[o ɛt jemɛz]

Je suis allergique à ...
... alerjim var.
[… alerʒim var]

Pourriez-vous m'apporter ...,
s'il vous plaît.
Bana ... getirir misiniz, lütfen?
[bana … getirir misiniz, lytfɛn?]

le sel | le poivre | du sucre

tuz | biber | şeker
[tuz | bibɛr | ʃekɛr]

un café | un thé | un dessert

kahve | çay | tatlı
[kahvɛ | tʃaj | tatlı]

de l'eau | gazeuse | plate

su | maden | içme
[su | madɛn | itʃmɛ]

une cuillère | une fourchette | un couteau

kaşık | çatal | bıçak
[kaʃık | tʃatal | bıtʃak]

une assiette | une serviette

tabak | peçete
[tabak | petʃetɛ]

Bon appétit!

Afiyet olsun!
[afijet olsun!]

Un de plus, s'il vous plaît.

Bir tane daha, lütfen.
[bir tanɛ daha, lytfɛn]

C'était délicieux.

Çok lezzetliydi.
[tʃok lezzetlijdi]

---

l'addition | de la monnaie | le pourboire

hesap | para üstü | bahşiş
[hesap | para ysty | bahʃiʃ]

L'addition, s'il vous plaît.

Hesap, lütfen.
[hesap, lytfɛn]

Puis-je payer avec la carte?

Kredi kartıyla ödeyebilir miyim?
[krɛdi kartıjla ødejebilir mijim?]

Excusez-moi, je crois qu'il y a une erreur ici.

Affedersiniz, burada bir yanlışlık var.
[affedɛrsiniz, burada bir janlıʃlık var]

Shopping. Faire les Magasins

Est-ce que je peux vous aider?	**Yardımcı olabilir miyim?** [jardımdʒı olabilir mijim?]
Avez-vous ... ?	**Sizde ... var mı?** [sizdɛ ... var mı?]
Je cherche ...	**... arıyorum.** [... arıjorum]
Il me faut ...	**Bana ... lazım.** [bana ... lazım]

Je regarde seulement, merci.	**Sadece bakıyorum.** [sadedʒɛ bakıjorum]
Nous regardons seulement, merci.	**Sadece bakıyoruz.** [sadedʒɛ bakıjoruz]
Je reviendrai plus tard.	**Daha sonra tekrar geleceğim.** [daha sonra tekrar gelɛdʒɛ:im]
On reviendra plus tard.	**Daha sonra tekrar geleceğiz.** [daha sonra tekrar gelɛdʒɛ:iz]
Rabais	Soldes	**iskonto	indirimli satış** [iskonto	indirimli satıʃ]

Montrez-moi, s'il vous plaît ...	**Bana ... gösterebilir misiniz?** [bana ... gøstɛrɛbilir misiniz?]
Donnez-moi, s'il vous plaît ...	**Bana ... verebilir misiniz?** [bana ... vɛrɛbilir misiniz?]
Est-ce que je peux l'essayer?	**Deneyebilir miyim?** [denɛjebilir mijim?]
Excusez-moi, où est la cabine d'essayage?	**Affedersiniz, deneme kabini nerede?** [affedɛrsiniz, dɛnɛmɛ kabini nɛrɛdɛ?]
Quelle couleur aimeriez-vous?	**Ne renk istersiniz?** [nɛ rɛnk istɛrsiniz?]
taille	longueur	**beden	boy** [bedɛn	boj]
Est-ce que la taille convient ?	**Nasıl, üzerinize oldu mu?** [nasıl, yzɛrinizɛ oldu mu?]

Combien ça coûte?	**Bu ne kadar?** [bu nɛ kadar?]
C'est trop cher.	**Çok pahalı.** [tʃok pahalı]
Je vais le prendre.	**Bunu alıyorum.** [bunu alıjorum]
Excusez-moi, où est la caisse?	**Affedersiniz, ödemeyi nerede yapabilirim?** [affedɛrsiniz, ødemɛji nɛrɛdɛ japabilirim?]

Payerez-vous comptant ou par carte de crédit?

Nakit mi yoksa kredi kartıyla mı ödeyeceksiniz?
[nakit mi joksa krɛdi kartıjla mı ødejedʒeksiniz?]

Comptant | par carte de crédit

Nakit | kredi kartıyla
[nakit | krɛdi kartıjla]

Voulez-vous un reçu?

Fatura ister misiniz?
[fatura istɛr misiniz?]

Oui, s'il vous plaît.

Evet, lütfen.
[ɛvet, lytfɛn]

Non, ce n'est pas nécessaire.

Hayır, gerek yok.
[hajır, gerek jok]

Merci. Bonne journée!

Teşekkür ederim. İyi günler!
[tɛʃekkyr ɛdɛrim. iji gynlɛr!]

En ville

Excusez-moi, …	**Affedersiniz.** [affedɛrsiniz]
Je cherche …	**… arıyorum.** [… arıjorum]
le métro	**Metroyu** [metroju]
mon hôtel	**Otelimi** [otɛlimi]
le cinéma	**Sinemayı** [sinemajı]
un arrêt de taxi	**Taksi durağını** [taksi dura:ını]
un distributeur	**Bir bankamatik** [bir bankamatik]
un bureau de change	**Bir döviz bürosu** [bir døviz byrosu]
un café internet	**Bir internet kafe** [bir intɛrnɛt kafɛ]
la rue …	**… caddesini** [… dʒaddɛsini]
cette place-ci	**Şurayı** [ʃurajı]
Savez-vous où se trouve …?	**… nerede olduğunu biliyor musunuz?** [… nɛrɛdɛ oldu:unu bilijor musunuz?]
Quelle est cette rue?	**Bu caddenin adı ne?** [bu dʒaddenin adı nɛ?]
Montrez-moi où sommes-nous, s'il vous plaît.	**Şu an nerede olduğumuzu gösterir misiniz?** [ʃu an nɛrɛdɛ oldu:umuzu gøstɛrir misiniz?]
Est-ce que je peux y aller à pied?	**Oraya yürüyerek gidebilir miyim?** [oraja jyryjerek gidɛbilir mijim?]
Avez-vous une carte de la ville?	**Sizde şehir haritası var mı?** [sizdɛ ʃɛhir haritası var mı?]
C'est combien pour un ticket?	**Giriş bileti ne kadar?** [giriʃ bileti nɛ kadar?]
Est-ce que je peux faire des photos?	**Burada fotoğraf çekebilir miyim?** [burada foto:raf tʃekɛbilir mijim?]
Êtes-vous ouvert?	**Açık mısınız?** [atʃık mısınız?]

À quelle heure ouvrez-vous? **Ne zaman açıyorsunuz?**
[nɛ zaman atʃɯjorsunuz?]

À quelle heure fermez-vous? **Ne zaman kapatıyorsunuz?**
[nɛ zaman kapatɯjorsunuz?]

L'argent

argent	**para** [para]
argent liquide	**nakit** [nakit]
des billets	**kağıt para** [kaːɯt para]
petite monnaie	**bozukluk** [bozukluk]
l'addition | de la monnaie | le pourboire	**hesap | para üstü | bahşiş** [hesap | para ysty | bahʃiʃ]
carte de crédit	**kredi kartı** [krɛdi kartı]
portefeuille	**cüzdan** [dʒyzdan]
acheter	**satın almak** [satın almak]
payer	**ödemek** [ødɛmek]
amende	**ceza** [dʒɛza]
gratuit	**bedava** [bedava]
Où puis-je acheter ... ?	**Nereden ... alabilirim?** [nɛrɛdɛn ... alabilirim?]
Est-ce que la banque est ouverte en ce moment?	**Banka açık mı?** [banka atʃɯk mɯ?]
À quelle heure ouvre-t-elle?	**Ne zaman açılıyor?** [nɛ zaman atʃɯlɯjor?]
À quelle heure ferme-t-elle?	**Ne zaman kapanıyor?** [nɛ zaman kapanɯjor?]
C'est combien?	**Ne kadar?** [nɛ kadar?]
Combien ça coûte?	**Bunun fiyatı nedir?** [bunun fijatı nɛdir?]
C'est trop cher.	**Çok pahalı.** [tʃok pahalı]
Excusez-moi, où est la caisse?	**Affedersiniz, ödemeyi nerede yapabilirim?** [affedɛrsiniz, ødemɛji nɛrɛdɛ japabilirim?]

L'addition, s'il vous plaît.	**Hesap, lütfen.** [hesap, lytfɛn]
Puis-je payer avec la carte?	**Kredi kartıyla ödeyebilir miyim?** [krɛdi kartıjla ødejebilir mijim?]
Est-ce qu'il y a un distributeur ici?	**Buralarda bankamatik var mı?** [buralarda bankamatik var mı?]
Je cherche un distributeur.	**Bankamatik arıyorum.** [bankamatik arıjorum]
Je cherche un bureau de change.	**Döviz bürosu arıyorum.** [døviz byrosu arıjorum]
Je voudrais changer ...	**... bozdurmak istiyorum** [... bozdurmak istijorum]
Quel est le taux de change?	**Döviz kuru nedir?** [døviz kuru nɛdir?]
Avez-vous besoin de mon passeport?	**Pasaportuma gerek var mı?** [pasaportuma gerek var mı?]

Le temps

Quelle heure est-il?	**Saat kaç?** [saat katʃ?]
Quand?	**Ne zaman?** [nɛ zaman?]
À quelle heure?	**Saat kaçta?** [saat katʃta?]
maintenant | plus tard | après …	**şimdi | sonra | …den sonra** [ʃimdi | sonra | …den sonra]

une heure	**saat bir** [saat bir]
une heure et quart	**bir on beş** [bir on bɛʃ]
une heure et demie	**bir otuz** [bir otuz]
deux heures moins quart	**bir kırk beş** [bir kırk beʃ]

un | deux | trois	**bir | iki | üç** [bir | iki | ytʃ]
quatre | cinq | six	**dört | beş | altı** [dørt | beʃ | altı]
sept | huit | neuf	**yedi | sekiz | dokuz** [jedi | sekiz | dokuz]
dix | onze | douze	**on | on bir | on iki** [on | on bir | on iki]

dans …	**… içinde** [… itʃindɛ]
cinq minutes	**beş dakika** [beʃ dakika]
dix minutes	**on dakika** [on dakika]
quinze minutes	**on beş dakika** [on beʃ dakika]
vingt minutes	**yirmi dakika** [jirmi dakika]

une demi-heure	**yarım saat** [jarım saat]
une heure	**bir saat** [bir saat]

dans la matinée	**sabah** [sabah]
tôt le matin	**sabah erkenden** [sabah ɛrkendɛn]
ce matin	**bu sabah** [bu sabah]
demain matin	**yarın sabah** [jarın sabah]
à midi	**öğlen yemeğinde** [ø:ølɛn jeme:indɛ]
dans l'après-midi	**öğleden sonra** [ø:øledɛn sonra]
dans la soirée	**akşam** [akʃam]
ce soir	**bu akşam** [bu akʃam]
la nuit	**geceleyin** [gedʒelejin]
hier	**dün** [dyn]
aujourd'hui	**bugün** [bugyn]
demain	**yarın** [jarın]
après-demain	**yarından sonraki gün** [jarından sonraki gyn]
Quel jour sommes-nous aujourd'hui?	**Bugün günlerden ne?** [bugyn gynlerdɛn nɛ?]
Nous sommes …	**Bugün …** [bugyn …]
lundi	**Pazartesi** [pazartɛsi]
mardi	**Salı** [salı]
mercredi	**Çarşamba** [tʃarʃamba]
jeudi	**Perşembe** [perʃɛmbɛ]
vendredi	**Cuma** [dʒuma]
samedi	**Cumartesi** [dʒumartɛsi]
dimanche	**Pazar** [pazar]

Salutations - Introductions

Bonjour.

Merhaba.
[mɛrhaba]

Enchanté /Enchantée/

Tanıştığımıza memnun oldum.
[tanıʃtıːımıza memnun oldum]

Moi aussi.

Ben de.
[ben dɛ]

Je voudrais vous présenter …

Sizi … ile tanıştırmak istiyorum
[sizi … ile tanıʃtırmak istijorum]

Ravi /Ravie/ de vous rencontrer.

Memnun oldum.
[memnun oldum]

Comment allez-vous?

Nasılsınız?
[nasılsınız?]

Je m'appelle …

Adım …
[adım …]

Il s'appelle …

Adı …
[adı …]

Elle s'appelle …

Adı …
[adı …]

Comment vous appelez-vous?

Adınız nedir?
[adınız nɛdir?]

Quel est son nom?

Onun adı ne?
[onun adı nɛ?]

Quel est son nom?

Onun adı ne?
[onun adı nɛ?]

Quel est votre nom de famille?

Soyadınız nedir?
[sojadınız nɛdir?]

Vous pouvez m'appeler …

Bana … diyebilirsiniz.
[bana … dijebilirsiniz]

D'où êtes-vous?

Nereden geliyorsunuz?
[nɛrɛdɛn gelijorsunuz?]

Je suis de …

… dan geliyorum.
[… dan gelijorum]

Qu'est-ce que vous faites dans la vie?

Mesleğiniz nedir?
[mɛsleːiniz nɛdir?]

Qui est-ce?

Bu kim?
[bu kim?]

Qui est-il?

O kim?
[o kim?]

Qui est-elle?

O kim?
[o kim?]

Qui sont-ils?

Onlar kim?
[onlar kim?]

C'est ...	Bu ...
	[bu ...]
mon ami	arkadaşım
	[arkadaʃım]
mon amie	arkadaşım
	[arkadaʃım]
mon mari	kocam
	[kodʒam]
ma femme	karım
	[karım]

mon père	babam
	[babam]
ma mère	annem
	[annɛm]
mon frère	erkek kardeşim
	[ɛrkek kardɛʃim]
ma sœur	kız kardeşim
	[kız kardɛʃim]
mon fils	oğlum
	[o:lum]
ma fille	kızım
	[kızım]

C'est notre fils.	Bu bizim oğlumuz.
	[bu bizim o:lumuz]
C'est notre fille.	Bu bizim kızımız.
	[bu bizim kızımız]
Ce sont mes enfants.	Bunlar benim çocuklarım.
	[bunlar benim tʃodʒuklarım]
Ce sont nos enfants.	Bunlar bizim çocuklarımız.
	[bunlar bizim tʃodʒuklarımız]

Les adieux

Au revoir!	**Hoşça kalın!** [hoʃʧa kalın!]
Salut!	**Görüşürüz!** [gøryʃyryz!]
À demain.	**Yarın görüşmek üzere.** [jarın gøryʃmek yzɛrɛ]
À bientôt.	**Görüşmek üzere.** [gøryʃmek yzɛrɛ]
On se revoit à sept heures.	**Saat yedide görüşürüz.** [saat jedidɛ gøryʃyryz]

Amusez-vous bien!	**İyi eğlenceler!** [iji ɛ:lendʒelɛr!]
On se voit plus tard.	**Sonra konuşuruz.** [sonra konuʃuruz]
Bonne fin de semaine.	**İyi hafta sonları.** [iji hafta sonları]
Bonne nuit.	**İyi geceler.** [iji gɛdʒelɛr]

Il est l'heure que je parte.	**Gitme vaktim geldi.** [gitmɛ vaktim gɛldi]
Je dois m'en aller.	**Gitmem lazım.** [gitmɛm lazım]
Je reviens tout de suite.	**Hemen dönerim.** [hemɛn dønɛrim]

Il est tard.	**Geç oldu.** [gɛʧ oldu]
Je dois me lever tôt.	**Erken kalkmam lazım.** [ɛrken kalkmam lazım]
Je pars demain.	**Yarın gidiyorum.** [jarın gidijorum]
Nous partons demain.	**Yarın gidiyoruz.** [jarın gidijoruz]

Bon voyage!	**İyi yolculuklar!** [iji joldʒuluklar!]
Enchanté de faire votre connaissance.	**Tanıştığımıza memnun oldum.** [tanıʃtı:ımıza memnun oldum]
Heureux /Heureuse/ d'avoir parlé avec vous.	**Konuştuğumuza memnun oldum.** [konuʃtu:umuza memnun oldum]
Merci pour tout.	**Herşey için teşekkürler.** [herʃej iʧin teʃekkyrlɛr]

Je me suis vraiment amusé /amusée/	**Çok iyi vakit geçirdim.** [ʧok iji vakit geʧirdim]
Nous nous sommes vraiment amusés /amusées/	**Çok iyi vakit geçirdik.** [ʧok iji vakit geʧirdik]
C'était vraiment plaisant.	**Gerçekten harikaydı.** [gerʧektɛn harikajdı]
Vous allez me manquer.	**Seni özleyeceğim.** [seni øzlejedʒɛːim]
Vous allez nous manquer.	**Sizi özleyeceğiz.** [sizi øzlejedʒɛːiz]
Bonne chance!	**İyi şanslar!** [iji ʃanslar!]
Mes salutations à ...	**... selam söyle.** [... sɛlam søjle]

Une langue étrangère

Je ne comprends pas.	**Anlamıyorum.** [anlamıjorum]
Écrivez-le, s'il vous plaît.	**Yazar mısınız, lütfen?** [jazar mısınız, lytfɛn?]
Parlez-vous ...?	**... biliyor musunuz?** [... bilijor musunuz?]

Je parle un peu ...	**Biraz ... biliyorum.** [biraz ... bilijorum]
anglais	**İngilizce** [ingilizdʒɛ]
turc	**Türkçe** [tyrktʃɛ]
arabe	**Arapça** [araptʃa]
français	**Fransızca** [fransızdʒa]

allemand	**Almanca** [almandʒa]
italien	**İtalyanca** [italjandʒa]
espagnol	**İspanyolca** [ispanjoldʒa]
portugais	**Portekizce** [portekizdʒɛ]
chinois	**Çince** [tʃindʒɛ]
japonais	**Japonca** [ʒapondʒa]

Pouvez-vous le répéter, s'il vous plaît.	**Tekrar edebilir misiniz, lütfen?** [tekrar ɛdɛbilir misiniz, lytfɛn?]
Je comprends.	**Anlıyorum.** [anlıjorum]
Je ne comprends pas.	**Anlamıyorum.** [anlamıjorum]
Parlez plus lentement, s'il vous plaît.	**Lütfen daha yavaş konuşun.** [lytfɛn daha javaʃ konuʃun]

Est-ce que c'est correct?	**Bu doğru mu?** [bu do:ru mu?]
Qu'est-ce que c'est?	**Bu ne?** [bu nɛ?]

Les excuses

Excusez-moi, s'il vous plaît.	**Affedersiniz.** [affedɛrsiniz]
Je suis désolé /désolée/	**Üzgünüm.** [yzgynym]
Je suis vraiment /désolée/	**Gerçekten çok üzgünüm.** [gertʃektɛn tʃok yzgynym]
Désolé /Désolée/, c'est ma faute.	**Özür dilerim, benim hatam.** [øzyr dilerim, benim hatam]
Au temps pour moi.	**Benim hatamdı.** [benim hatamdı]

Puis-je … ?	**… yapabilir miyim?** [… japabilir mijim?]
Ça vous dérange si je …?	**… bir mahsuru var mı?** [… bir mahsuru var mı?]
Ce n'est pas grave.	**Sorun değil.** [sorun dɛ:il]
Ça va.	**Zararı yok.** [zararı jok]
Ne vous inquiétez pas.	**Hiç önemli değil.** [hitʃ ønemli dɛ:il]

Les accords

Oui	**Evet.** [ɛvet]
Oui, bien sûr.	**Evet, tabii ki.** [ɛvet, tabii ki]
Bien.	**Tamam.** [tamam]
Très bien.	**Çok iyi.** [ʧok iji]
Bien sûr!	**Tabii ki!** [tabii ki!]
Je suis d'accord.	**Katılıyorum.** [katılıjorum]
C'est correct.	**Doğru.** [do:ru]
C'est exact.	**Aynen öyle.** [ajnɛn øjle]
Vous avez raison.	**Haklısınız.** [haklısınız]
Je ne suis pas contre.	**Benim için sorun değil.** [benim iʧin sorun dɛ:il]
Tout à fait correct.	**Kesinlikle doğru.** [kesinliklɛ do:ru]
C'est possible.	**Bu mümkün.** [bu mymkyn]
C'est une bonne idée.	**Bu iyi bir fikir.** [bu iji bir fikir]
Je ne peux pas dire non.	**Hayır diyemem.** [hajır dijemɛm]
J'en serai ravi /ravie/	**Memnun olurum.** [memnun olurum]
Avec plaisir.	**Zevkle.** [zɛvkle]

Refus, exprimer le doute

Non	**Hayır.** [hajır]
Absolument pas.	**Kesinlikle hayır.** [kesinliklɛ hajır]
Je ne suis pas d'accord.	**Katılmıyorum.** [katılmıjorum]
Je ne le crois pas.	**Sanmıyorum.** [sanmıjorum]
Ce n'est pas vrai.	**Bu doğru değil.** [bu do:ru dɛ:il]
Vous avez tort.	**Yanılıyorsunuz.** [janılıjorsunuz]
Je pense que vous avez tort.	**Bence yanılıyorsunuz.** [bendʒe janılıjorsunuz]
Je ne suis pas sûr /sûre/	**Emin değilim.** [ɛmin dɛ:ilim]
C'est impossible.	**Bu mümkün değil.** [bu mymkyn dɛ:il]
Pas du tout!	**Hiçbir surette!** [hitʃbir surɛttɛ!]
Au contraire!	**Tam tersi.** [tam tɛrsi]
Je suis contre.	**Ben buna karşıyım.** [ben buna karʃıjım]
Ça m'est égal.	**Umrumda değil.** [umrumda dɛ:il]
Je n'ai aucune idée.	**Hiçbir fikrim yok.** [hitʃbir fikrim jok]
Je doute que cela soit ainsi.	**O konuda şüpheliyim.** [o konuda ʃyphɛlijim]
Désolé /Désolée/, je ne peux pas.	**Üzgünüm, yapamam.** [yzgynym, japamam]
Désolé /Désolée/, je ne veux pas.	**Üzgünüm, istemiyorum.** [yzgynym, istɛmijorum]
Merci, mais ça ne m'intéresse pas.	**Teşekkür ederim,** **fakat buna ihtiyacım yok.** [tɛʃekkyr ɛdɛrim, fakat buna ihtijadʒım jok]
Il se fait tard.	**Geç oluyor.** [getʃ olujor]

Je dois me lever tôt.

Erken kalmalıyım.
[ɛrken kalmalıjım]

Je ne me sens pas bien.

Kendimi iyi hissetmiyorum.
[kendimi iji hissɛtmijorum]

Exprimer la gratitude

Merci.	**Teşekkürler.** [teʃekkyrlɛr]
Merci beaucoup.	**Çok teşekkür ederim.** [tʃok tɛʃekkyr ɛdɛrim]

Je l'apprécie beaucoup.	**Gerçekten müteşekkirim.** [gertʃektɛn myteʃekkirim]
Je vous suis très reconnaissant.	**Size hakikaten minnettarım.** [sizɛ hakikatɛn minnettarım]
Nous vous sommes très reconnaissant.	**Size hakikaten minnettarız.** [sizɛ hakikatɛn minnettarız]

Merci pour votre temps.	**Zaman ayırdığınız için teşekkür ederim.** [zaman ajırdı:ınız itʃin tɛʃekkyr ɛdɛrim]
Merci pour tout.	**Herşey için teşekkürler.** [hɛrʃɛj itʃin tɛʃekkyrlɛr]
Merci pour ...	**... için teşekkürler.** [... itʃin tɛʃekkyrlɛr]

votre aide	**Yardımınız için teşekkürler.** [jardımınız itʃin tɛʃekkyrlɛr]
les bons moments passés	**Bu güzel vakit için teşekkürler.** [bu gyzɛl vakit itʃin tɛʃekkyrlɛr]

un repas merveilleux	**Bu harika yemek için teşekkürler.** [bu harika jemek itʃin tɛʃekkyrlɛr]
cette agréable soirée	**Bu güzel akşam için teşekkürler.** [bu gyzɛl akʃam itʃin tɛʃekkyrlɛr]
cette merveilleuse journée	**Bu harika gün için teşekkürler.** [bu harika gyn itʃin tɛʃekkyrlɛr]
une excursion extraordinaire	**Bu harika yolculuk için teşekkürler.** [bu harika joldʒuluk itʃin tɛʃekkyrlɛr]

Il n'y a pas de quoi.	**Lafı bile olmaz.** [lafı bilɛ olmaz]
Vous êtes les bienvenus.	**Bir şey değil.** [bir ʃɛj dɛ:il]
Mon plaisir.	**Her zaman.** [hɛr zaman]
J'ai été heureux /heureuse/ de vous aider.	**O zevk bana ait.** [o zɛvk bana ait]

Ça va. N'y pensez plus.	**Hiç önemli değil.** [hitʃ ønemli dɛ:il]
Ne vous inquiétez pas.	**Hiç dert etme.** [hitʃ dɛrt ɛtmɛ]

Félicitations. Vœux de fête

Félicitations!

Tebrikler!
[tɛbriklɛr!]

Joyeux anniversaire!

Doğum günün kutlu olsun!
[doːum gynyn kutlu olsun!]

Joyeux Noël!

Mutlu Noeller!
[mutlu noɛllɛr!]

Bonne Année!

Yeni yılın kutlu olsun!
[jeni jılın kutlu olsun!]

Joyeuses Pâques!

Mutlu Paskalyalar!
[mutlu paskaljalar!]

Joyeux Hanoukka!

Mutlu Hanuka Bayramları!
[mutlu hanuka bajramları!]

Je voudrais proposer un toast.

Kadeh kaldırmak istiyorum.
[kadɛh kaldırmak istijorum]

Santé!

Şerefe!
[ʃɛrɛfɛ!]

Buvons à …!

… için kadeh kaldıralım!
[… itʃin kadɛh kaldıralım!]

À notre succès!

Başarımıza!
[baʃarımıza!]

À votre succès!

Başarınıza!
[baʃarınıza!]

Bonne chance!

İyi şanslar!
[iji ʃanslar!]

Bonne journée!

İyi günler!
[iji gynlɛr!]

Passez de bonnes vacances !

İyi tatiller!
[iji tatillɛr!]

Bon voyage!

İyi yolculuklar!
[iji joldʒuluklar!]

Rétablissez-vous vite.

Geçmiş olsun!
[getʃmiʃ olsun!]

Socialiser

Pourquoi êtes-vous si triste?	**Neden üzgünsünüz?** [nɛdɛn yzgynsynyz?]
Souriez!	**Gülümseyin! Neşelenin!** [gylymsɛjin! nɛʃɛlɛnin!]
Êtes-vous libre ce soir?	**Bu gece müsait misiniz?** [bu gedʒɛ mysait misiniz?]
Puis-je vous offrir un verre?	**Size bir içki ısmarlayabilir miyim?** [sizɛ bir itʃki ısmarlajabilir mijim?]
Voulez-vous danser?	**Dans eder misiniz?** [dans ɛdɛr misiniz?]
Et si on va au cinéma?	**Hadi sinemaya gidelim.** [hadi sinemaja gidɛlim]
Puis-je vous inviter ...	**Sizi ... davet edebilir miyim?** [sizi ... davɛt ɛdɛbilir mijim?]
au restaurant	**restorana** [restorana]
au cinéma	**sinemaya** [sinemaja]
au théâtre	**tiyatroya** [tijatroja]
pour une promenade	**yürüyüşe** [jyryjyʃɛ]
À quelle heure?	**Saat kaçta?** [saat katʃta?]
ce soir	**bu gece** [bu gedʒɛ]
à six heures	**altıda** [altıda]
à sept heures	**yedide** [jedidɛ]
à huit heures	**sekizde** [sekizdɛ]
à neuf heures	**dokuzda** [dokuzda]
Est-ce que vous aimez cet endroit?	**Burayı sevdiniz mi?** [burajı sɛvdiniz mi?]
Êtes-vous ici avec quelqu'un?	**Biriyle birlikte mi geldiniz?** [birijle birliktɛ mi geldiniz?]
Je suis avec mon ami.	**Arkadaşımlayım.** [arkadaʃımlajım]

Je suis avec mes amis.	**Arkadaşlarımlayım.** [arkadaʃlarımlajım]
Non, je suis seul /seule/	**Hayır, yalnızım.** [hajır, jalnızım]

As-tu un copain?	**Erkek arkadaşınız var mı?** [ɛrkek arkadaʃınız var mı?]
J'ai un copain.	**Erkek arkadaşım var.** [ɛrkek arkadaʃım var]
As-tu une copine?	**Kız arkadaşınız var mı?** [kız arkadaʃınız var mı?]
J'ai une copine.	**Kız arkadaşım var.** [kız arkadaʃım var]

Est-ce que je peux te revoir?	**Seni tekrar görebilir miyim?** [seni tekrar gørebilir mijim?]
Est-ce que je peux t'appeler?	**Seni arayabilir miyim?** [seni arajabilir mijim?]
Appelle-moi.	**Ara beni.** [ara beni]
Quel est ton numéro?	**Telefon numaran nedir?** [tɛlefon numaran nɛdir?]
Tu me manques.	**Seni özledim.** [seni øzledim]

Vous avez un très beau nom.	**Adınız çok güzel.** [adınız ʧok gyzɛl]
Je t'aime.	**Seni seviyorum.** [seni sevijorum]
Veux-tu te marier avec moi?	**Benimle evlenir misin?** [benimle ɛvlenir misin?]
Vous plaisantez!	**Şaka yapıyorsunuz!** [ʃaka japıjorsunuz!]
Je plaisante.	**Sadece şaka yapıyorum.** [sadedʒɛ ʃaka japıjorum]

Êtes-vous sérieux /sérieuse/?	**Ciddi misiniz?** [dʒiddi misiniz?]
Je suis sérieux /sérieuse/	**Ciddiyim.** [dʒiddijim]
Vraiment?!	**Gerçekten mi?!** [gerʧektɛn mi?!]
C'est incroyable!	**İnanılmaz!** [inanılmaz!]
Je ne vous crois pas.	**Size inanmıyorum.** [sizɛ inanmıjorum]
Je ne peux pas.	**Yapamam.** [japamam]
Je ne sais pas.	**Bilmiyorum.** [bilmijorum]
Je ne vous comprends pas	**Sizi anlamıyorum.** [sizi anlamıjorum]

Laissez-moi! Allez-vous-en!	**Lütfen gider misiniz?** [lytfɛn gidɛr misiniz?]
Laissez-moi tranquille!	**Beni rahat bırakın!** [beni rahat bırakın!]

Je ne le supporte pas.	**Ona katlanamıyorum!** [ona katlanamıjorum!]
Vous êtes dégoûtant!	**İğrençsiniz!** [iːirɛntʃsiniz!]
Je vais appeler la police!	**Polisi arayacağım!** [polisi arajadʒaːɨm!]

Partager des impressions. Émotions

J'aime ça.	**Bunu sevdim.** [bunu sɛvdim]
C'est gentil.	**Çok hoş.** [ʧok hoʃ]
C'est super!	**Bu harika!** [bu harika!]
C'est assez bien.	**Fena değil.** [fena dɛːil]

Je n'aime pas ça.	**Bundan hoşlanmadım.** [bundan hoʃlanmadım]
Ce n'est pas bien.	**Bu iyi değil.** [bu iji dɛːil]
C'est mauvais.	**Bu kötü.** [bu køty]
Ce n'est pas bien du tout.	**Bu çok kötü.** [bu ʧok køty]
C'est dégoûtant.	**Bu iğrenç.** [bu iːirɛnʧ]

Je suis content /contente/	**Mutluyum.** [mutlujum]
Je suis heureux /heureuse/	**Halimden memnunum.** [halimdɛn mɛmnunum]
Je suis amoureux /amoureuse/	**Aşığım.** [aʃıːım]
Je suis calme.	**Sakinim.** [sakinim]
Je m'ennuie.	**Sıkıldım.** [sıkıldım]

Je suis fatigué /fatiguée/	**Yorgunum.** [jorgunum]
Je suis triste.	**Üzgünüm.** [yzgynym]
J'ai peur.	**Korkuyorum.** [korkujorum]

Je suis fâché /fâchée/	**Kızgınım.** [kızgınım]
Je suis inquiet /inquiète/	**Endişeliyim.** [ɛndiʃelijim]
Je suis nerveux /nerveuse/	**Gerginim.** [gerginim]

Je suis jaloux /jalouse/ **Kıskanıyorum.**
[kıskanıjorum]

Je suis surpris /surprise/ **Şaşırdım.**
[ʃaʃırdım]

Je suis gêné /gênée/ **Şaşkınım.**
[ʃaʃkınım]

Problèmes. Accidents

J'ai un problème.	**Bir sorunum var.** [bir sorunum var]
Nous avons un problème.	**Bir sorunumuz var.** [bir sorunumuz var]
Je suis perdu /perdue/	**Kayboldum.** [kajboldum]
J'ai manqué le dernier bus (train).	**Son otobüsü (treni) kaçırdım.** [son otobysy (treni) katʃırdım]
Je n'ai plus d'argent.	**Hiç param kalmadı.** [hitʃ param kalmadı]

J'ai perdu mon …	**… kaybettim.** [… kajbɛttim]
On m'a volé mon …	**Biri … çaldı.** [biri … tʃaldı]
passeport	**pasaportumu** [pasaportumu]
portefeuille	**cüzdanımı** [dʒyzdanımı]
papiers	**belgelerimi** [belgelerimi]
billet	**biletimi** [biletimi]

argent	**paramı** [paramı]
sac à main	**el çantamı** [ɛl tʃantamı]
appareil photo	**fotoğraf makinamı** [foto:raf makinamı]
portable	**dizüstü bilgisayarımı** [dizysty bilgisajarımı]
ma tablette	**tablet bilgisayarımı** [tablet bilgisajarımı]
mobile	**cep telefonumu** [dʒɛp tɛlefonumu]

Au secours!	**Yardım edin!** [jardım ɛdin!]
Qu'est-il arrivé?	**Ne oldu?** [nɛ oldu?]
un incendie	**yangın** [jangın]

des coups de feu	**silahlı çatışma**
	[silahlı tʃatıʃma]
un meurtre	**cinayet**
	[dʒinajet]
une explosion	**patlama**
	[patlama]
une bagarre	**kavga**
	[kavga]

Appelez la police!	**Polis çağırın!**
	[polis tʃaːırın!]
Dépêchez-vous, s'il vous plaît!	**Lütfen acele edin!**
	[lytfɛn adʒɛle ɛdin!]
Je cherche le commissariat de police.	**Karakolu arıyorum.**
	[karakolu arıjorum]
Il me faut faire un appel.	**Telefon açmam gerek.**
	[tɛlefon atʃmam gerek]
Puis-je utiliser votre téléphone?	**Telefonunuzu kullanabilir miyim?**
	[tɛlefonunuzu kullanabilir mijim?]

J'ai été …	**Ben …**
	[ben …]
agressé /agressée/	**gasp edildim.**
	[gasp ɛdildim]
volé /volée/	**soyuldum.**
	[sojuldum]
violée	**tecavüze uğradım.**
	[tɛdʒavyzɛ uːradım]
attaqué /attaquée/	**saldırıya uğradım.**
	[saldırıja uːradım]

Est-ce que ça va?	**İyi misiniz?**
	[iji misiniz?]
Avez-vous vu qui c'était?	**Kim olduğunu gördünüz mü?**
	[kim olduːunu gørdynyz my?]
Pourriez-vous reconnaître cette personne?	**Yapanı görseniz, tanıyabilir misiniz?**
	[japanı gørsɛniz, tanıjabilir misiniz?]
Vous êtes sûr?	**Emin misiniz?**
	[ɛmin misiniz?]

Calmez-vous, s'il vous plaît.	**Lütfen sakinleşin.**
	[lytfɛn sakinleʃin]
Calmez-vous!	**Sakin ol!**
	[sakin ol!]
Ne vous inquiétez pas.	**Endişelenmeyin!**
	[ɛndiʃɛlenmɛjin!]
Tout ira bien.	**Herşey yoluna girecek.**
	[hɛrʃɛj joluna giredʒek]
Ça va. Tout va bien.	**Herşey yolunda.**
	[hɛrʃɛj jolunda]
Venez ici, s'il vous plaît.	**Buraya gelin, lütfen.**
	[buraja gelin, lytfɛn]

J'ai des questions à vous poser.	**Size birkaç sorum olacak.** [sizɛ birkatʃ sorum oladʒak]
Attendez un moment, s'il vous plaît.	**Bir dakika bekler misiniz, lütfen?** [bir dakika beklɛr misiniz, lytfɛn?]
Avez-vous une carte d'identité?	**Kimliğiniz var mı?** [kimliğiniz var mı?]
Merci. Vous pouvez partir maintenant.	**Teşekkürler. Şimdi gidebilirsiniz.** [tɛʃekkyrlɛr. ʃimdi gidɛbilirsiniz]
Les mains derrière la tête!	**Ellerinizi başınızın arkasına koyun!** [ɛllɛrinizi baʃınızın arkasına kojun!]
Vous êtes arrêté!	**Tutuklusunuz!** [tutuklusunuz!]

Problèmes de santé

Aidez-moi, s'il vous plaît.	**Lütfen bana yardım eder misiniz?** [lytfɛn bana jardım ɛdɛr misiniz?]
Je ne me sens pas bien.	**Kendimi iyi hissetmiyorum.** [kendimi iji hissɛtmijorum]
Mon mari ne se sent pas bien.	**Kocam kendisini iyi hissetmiyor.** [kodʒam kendisini iji hissɛtmijor]
Mon fils …	**Oğlum …** [oːlum …]
Mon père …	**Babam …** [babam …]
Ma femme ne se sent pas bien.	**Karım kendisini iyi hissetmiyor.** [karım kendisini iji hissɛtmijor]
Ma fille …	**Kızım …** [kızım …]
Ma mère …	**Annem …** [annɛm …]
J'ai mal …	**… ağrıyor.** [… aːrıjor]
à la tête	**Başım** [baʃım]
à la gorge	**Boğazım** [boːazım]
à l'estomac	**Midem** [midɛm]
aux dents	**Dişim** [diʃim]
J'ai le vertige.	**Başım dönüyor.** [baʃım dønyjor]
Il a de la fièvre.	**Ateşi var.** [atɛʃi var]
Elle a de la fièvre.	**Ateşi var.** [atɛʃi var]
Je ne peux pas respirer.	**Nefes alamıyorum.** [nɛfɛs alamıjorum]
J'ai du mal à respirer.	**Nefesim daralıyor.** [nɛfɛsim daralıjor]
Je suis asthmatique.	**Astımım var.** [astımım var]
Je suis diabétique.	**Şeker hastalığım var.** [ʃekɛr hastalıːım var]

Je ne peux pas dormir.	**Uyuyamıyorum.**
	[ujujamıjorum]
intoxication alimentaire	**Gıda zehirlenmesi**
	[gıda zɛhirlenmɛsi]

Ça fait mal ici.	**Burası acıyor.**
	[burası adʒıjor]
Aidez-moi!	**Yardım edin!**
	[jardım ɛdin!]
Je suis ici!	**Buradayım!**
	[buradajım!]
Nous sommes ici!	**Buradayız!**
	[buradajız!]
Sortez-moi d'ici!	**Beni buradan çıkarın!**
	[beni buradan tʃıkarın!]
J'ai besoin d'un docteur.	**Doktora ihtiyacım var.**
	[doktora ihtijadʒım var]
Je ne peux pas bouger!	**Hareket edemiyorum.**
	[harekɛt ɛdɛmijorum]
Je ne peux pas bouger mes jambes.	**Bacaklarımı kıpırdatamıyorum.**
	[badʒaklarımı kıpırdatamıjorum]

Je suis blessé /blessée/	**Yaralandım.**
	[jaralandım]
Est-ce que c'est sérieux?	**Ciddi mi?**
	[dʒiddi mi?]
Mes papiers sont dans ma poche.	**Belgelerim cebimde.**
	[belgelerim dʒɛbimdɛ]
Calmez-vous!	**Sakin olun!**
	[sakin olun!]
Puis-je utiliser votre téléphone?	**Telefonunuzu kullanabilir miyim?**
	[tɛlefonunuzu kullanabilir mijim?]

Appelez une ambulance!	**Ambulans çağırın!**
	[ambulans tʃa:ırın!]
C'est urgent!	**Acil!**
	[adʒil!]
C'est une urgence!	**Bu bir acil durum!**
	[bu bir adʒil durum!]
Dépêchez-vous, s'il vous plaît!	**Lütfen acele edin!**
	[lytfɛn adʒele ɛdin!]
Appelez le docteur, s'il vous plaît.	**Lütfen doktor çağırır mısınız?**
	[lytfɛn doktor tʃa:ırır mısınız?]
Où est l'hôpital?	**Hastane nerede?**
	[hastanɛ nɛrɛdɛ?]

Comment vous sentez-vous?	**Kendinizi nasıl hissediyorsunuz?**
	[kendinizi nasıl hissɛdijorsunuz?]
Est-ce que ça va?	**İyi misiniz?**
	[iji misiniz?]
Qu'est-il arrivé?	**Ne oldu?**
	[nɛ oldu?]

Je me sens mieux maintenant.

Şimdi daha iyiyim.
[ʃimdi daha ijijim]

Ça va. Tout va bien.

Sorun değil.
[sorun dɛ:il]

Ça va.

Bir şeyim yok.
[bir ʃɛjim jok]

À la pharmacie

pharmacie	**eczane** [ɛdʒzane]
pharmacie 24 heures	**nöbetçi eczane** [nøbɛtʧi ɛdʒzane]
Où se trouve la pharmacie la plus proche?	**En yakın eczane nerede?** [ɛn jakın ɛdʒzane nɛrɛdɛ?]
Est-elle ouverte en ce moment?	**Şu an açık mı?** [ʃu an aʧık mı?]
À quelle heure ouvre-t-elle?	**Saat kaçta açılıyor?** [saat katʧta aʧılıjor?]
à quelle heure ferme-t-elle?	**Saat kaçta kapanıyor?** [saat katʧta kapanıjor?]
C'est loin?	**Uzakta mı?** [uzakta mı?]
Est-ce que je peux y aller à pied?	**Oraya yürüyerek gidebilir miyim?** [oraja jyryjerek gidɛbilir mijim?]
Pouvez-vous me le montrer sur la carte?	**Yerini haritada gösterebilir misiniz?** [jerini haritada gøstɛrɛbilir misiniz?]
Pouvez-vous me donner quelque chose contre …	**Lütfen … için bir şey verir misiniz?** [lytfɛn … iʧin bir ʃɛj vɛrir misiniz?]
le mal de tête	**baş ağrısı** [baʃ a:rısı]
la toux	**öksürük** [øksyryk]
le rhume	**soğuk algınlığı** [so:uk algınlı:ı]
la grippe	**grip** [grip]
la fièvre	**ateş** [atɛʃ]
un mal d'estomac	**mide ağrısı** [midɛ a:rısı]
la nausée	**bulantı** [bulantı]
la diarrhée	**ishal** [ishal]
la constipation	**kabızlık** [kabızlık]
un mal de dos	**sırt ağrısı** [sırt a:rısı]

les douleurs de poitrine	**göğüs ağrısı** [gø:øys a:rısı]
les points de côté	**dalak şişmesi** [dalak ʃiʃmɛsi]
les douleurs abdominales	**karın ağrısı** [karın a:rısı]

une pilule	**hap** [hap]
un onguent, une crème	**merhem, krem** [mɛrhɛm, krɛm]
un sirop	**şurup** [ʃurup]
un spray	**sprey** [sprɛj]
les gouttes	**damla** [damla]

Vous devez allez à l'hôpital.	**Hastaneye gitmeniz gerek.** [hastanɛje gitmɛniz gerek]
assurance maladie	**sağlık sigortası** [sa:lık sigortası]
prescription	**reçete** [retʃɛtɛ]
produit anti-insecte	**böcek ilacı** [bødʒek iladʒı]
bandages adhésifs	**yara bandı** [jara bandı]

Les essentiels

Excusez-moi, ...	**Affedersiniz, ...** [affedɛrsiniz, ...]
Bonjour	**Merhaba.** [mɛrhaba]
Merci	**Teşekkürler.** [tɛʃekkyrlɛr]
Au revoir	**Hoşça kalın.** [hoʃtʃa kalın]
Oui	**Evet.** [ɛvet]
Non	**Hayır.** [hajır]
Je ne sais pas.	**Bilmiyorum.** [bilmijorum]
Où?	Où?	Quand?	**Nerede?	Nereye?	Ne zaman?** [nɛrɛdɛ?	nɛrɛje?	nɛ zaman?]

J'ai besoin de ...	**Bana ... lazım.** [bana ... lazım]
Je veux ...	**... istiyorum.** [... istijorum]
Avez-vous ... ?	**Sizde ... var mı?** [sizdɛ ... var mı?]
Est-ce qu'il y a ... ici?	**Burada ... var mı?** [burada ... var mı?]
Puis-je ... ?	**... yapabilir miyim?** [... japabilir mijim?]
s'il vous plaît (pour une demande)	**..., lütfen** [..., lytfɛn]

Je cherche ...	**Ben ... arıyorum.** [ben ... arıjorum]
les toilettes	**tuvaleti** [tuvaleti]
un distributeur	**bankamatik** [bankamatik]
une pharmacie	**eczane** [ɛdʒzane]
l'hôpital	**hastane** [hastanɛ]
le commissariat de police	**karakolu** [karakolu]
une station de métro	**metroyu** [metroju]

un taxi	**taksi** [taksi]
la gare	**tren istasyonunu** [tren istasjonunu]
Je m'appelle ...	**Benim adım ...** [benim adım ...]
Comment vous appelez-vous?	**Adınız nedir?** [adınız nɛdir?]
Aidez-moi, s'il vous plaît.	**Bana yardım edebilir misiniz, lütfen?** [bana jardım ɛdɛbilir misiniz, lytfɛn?]
J'ai un problème.	**Bir sorunum var.** [bir sorunum var]
Je ne me sens pas bien.	**Kendimi iyi hissetmiyorum.** [kendimi iji hissɛtmijorum]
Appelez une ambulance!	**Ambulans çağırın!** [ambulans ʧaːırın!]
Puis-je faire un appel?	**Telefonunuzdan bir arama yapabilir miyim?** [tɛlefonunuzdan bir arama japabilir mijim?]
Excusez-moi.	**Üzgünüm.** [yzgynym]
Je vous en prie.	**Rica ederim.** [riʤa ɛdɛrim]
je, moi	**Ben, bana** [ben, bana]
tu, toi	**sen** [sen]
il	**o** [o]
elle	**o** [o]
ils	**onlar** [onlar]
elles	**onlar** [onlar]
nous	**biz** [biz]
vous	**siz** [siz]
Vous	**siz** [siz]
ENTRÉE	**GİRİŞ** [giriʃ]
SORTIE	**ÇIKIŞ** [ʧikiʃ]
HORS SERVICE | EN PANNE	**HİZMET DIŞI** [hizmɛt diʃi]

FERMÉ

KAPALI
[kapali]

OUVERT

AÇIK
[atʃik]

POUR LES FEMMES

KADINLAR İÇİN
[kadinlar itʃin]

POUR LES HOMMES

ERKEKLER İÇİN
[ɛrkeklɛr itʃin]

DICTIONNAIRE CONCIS

Cette section contient plus
de 1500 mots les plus utilisés.
Le dictionnaire inclut beaucoup
de termes gastronomiques
et peut être utile lorsque
vous faites le marché
ou commandez des plats
au restaurant

T&P Books Publishing

CONTENU DU DICTIONNAIRE

T&P Books Publishing

T&P Books Publishing

temps (m)	**zaman, vakit**	[zaman], [vakit]
heure (f)	**saat**	[sa:t]
demi-heure (f)	**yarım saat**	[jarım sa:t]
minute (f)	**dakika**	[dakika]
seconde (f)	**saniye**	[sanijæ]
aujourd'hui (adv)	**bugün**	[bugyn]
demain (adv)	**yarın**	[jarın]
hier (adv)	**dün**	[dyn]
lundi (m)	**Pazartesi**	[pazartæsi]
mardi (m)	**Salı**	[salı]
mercredi (m)	**Çarşamba**	[ʧarʃamba]
jeudi (m)	**Perşembe**	[pærʃæmbæ]
vendredi (m)	**Cuma**	[dʒuma]
samedi (m)	**Cumartesi**	[dʒumartæsi]
dimanche (m)	**Pazar**	[pazar]
jour (m)	**gün**	[gyn]
jour (m) ouvrable	**iş günü**	[iʃ gyny]
jour (m) férié	**bayram günü**	[bajram gyny]
week-end (m)	**hafta sonu**	[hafta sonu]
semaine (f)	**hafta**	[hafta]
la semaine dernière	**geçen hafta**	[gæʧæn hafta]
la semaine prochaine	**gelecek hafta**	[gæʎdʒæk hafta]
lever (m) du soleil	**güneşin doğuşu**	[gynæʃin douʃu]
coucher (m) du soleil	**güneş batışı**	[gynæʃ batıʃı]
le matin	**sabahleyin**	[sabahlæjın]
dans l'après-midi	**öğleden sonra**	[øjlædæn sonra]
le soir	**akşamleyin**	[akʃamlæjın]
ce soir	**bu akşam**	[bu akʃam]
la nuit	**geceleyin**	[gædʒælæjın]
minuit (f)	**gece yarısı**	[gædʒæ jarısı]
janvier (m)	**ocak**	[odʒak]
février (m)	**şubat**	[ʃubat]
mars (m)	**mart**	[mart]
avril (m)	**nisan**	[nisan]
mai (m)	**mayıs**	[majıs]
juin (m)	**haziran**	[haziran]
juillet (m)	**temmuz**	[tæmmuz]
août (m)	**ağustos**	[a:ustos]

septembre (m)	eylül	[æjlyʎ]
octobre (m)	ekim	[ækim]
novembre (m)	kasım	[kasım]
décembre (m)	aralık	[aralık]

au printemps	ilkbaharda	[iʎkbaharda]
en été	yazın	[jazın]
en automne	sonbaharda	[sonbaharda]
en hiver	kışın	[kıʃın]

mois (m)	ay	[aj]
saison (f)	mevsim	[mævsim]
année (f)	yıl, sene	[jıl], [sænæ]
siècle (m)	yüzyıl	[juz jıl]

2. Nombres. Adjectifs numéraux

chiffre (m)	rakam	[rakam]
nombre (m)	sayı	[sajı]
moins (m)	eksi	[æksi]
plus (m)	artı	[artı]
somme (f)	toplam	[toplam]

premier (adj)	birinci	[birindʒi]
deuxième (adj)	ikinci	[ikindʒi]
troisième (adj)	üçüncü	[utʃundʒy]

zéro	sıfır	[sıfır]
un	bir	[bir]
deux	iki	[iki]
trois	üç	[jutʃ]
quatre	dört	[dørt]

cinq	beş	[bæʃ]
six	altı	[altı]
sept	yedi	[jædi]
huit	sekiz	[sækiz]
neuf	dokuz	[dokuz]
dix	on	[on]

onze	on bir	[on bir]
douze	on iki	[on iki]
treize	on üç	[on jutʃ]
quatorze	on dört	[on dørt]
quinze	on beş	[on bæʃ]

seize	on altı	[on altı]
dix-sept	on yedi	[on jædi]
dix-huit	on sekiz	[on sækiz]
dix-neuf	on dokuz	[on dokuz]

vingt	yirmi	[jɪrmi]
trente	otuz	[otuz]
quarante	kırk	[kɪrk]
cinquante	elli	[ælli]

soixante	altmış	[altmɪʃ]
soixante-dix	yetmiş	[jætmiʃ]
quatre-vingts	seksen	[sæksæn]
quatre-vingt-dix	doksan	[doksan]
cent	yüz	[juz]
deux cents	iki yüz	[iki juz]
trois cents	üç yüz	[utʃ juz]
quatre cents	dört yüz	[dørt juz]
cinq cents	beş yüz	[bæʃ juz]

six cents	altı yüz	[altɪ juz]
sept cents	yedi yüz	[jædi juz]
huit cents	sekiz yüz	[sækiz juz]
neuf cents	dokuz yüz	[dokuz juz]
mille	bin	[bin]

dix mille	on bin	[on bin]
cent mille	yüz bin	[juz bin]
million (m)	milyon	[bir miʎon]
milliard (m)	milyar	[bir miʎjar]

3. L'être humain. La famille

homme (m)	erkek	[ærkæk]
jeune homme (m)	delikanlı	[dælikanlɪ]
adolescent (m)	ergen	[ærgæn]
femme (f)	kadın, bayan	[kadɪn], [bajan]
jeune fille (f)	kız	[kɪz]

âge (m)	yaş	[jaʃ]
adulte (m)	yetişkin	[jætiʃkin]
d'âge moyen (adj)	orta yaşlı	[orta jaʃlɪ]
âgé (adj)	yaşlı	[jaʃlɪ]
vieux (adj)	ihtiyar, yaşlı	[ihtijar], [jaʃlɪ]

vieillard (m)	ihtiyar	[ihtijar]
vieille femme (f)	yaşlı kadın	[jaʃlɪ kadɪn]
retraite (f)	emekli maaşı	[æmækli maːʃɪ]
prendre sa retraite	emekli olmak	[æmækli olmak]
retraité (m)	emekli	[æmækli]

mère (f)	anne	[aŋæ]
père (m)	baba	[baba]
fils (m)	oğul	[øul]
fille (f)	kız	[kɪz]

| frère (m) | kardeş | [kardæʃ] |
| sœur (f) | abla | [abla] |

parents (m pl)	ana baba	[ana baba]
enfant (m, f)	çocuk	[tʃodʒuk]
enfants (pl)	çocuklar	[tʃodʒuklar]
belle-mère (f)	üvey anne	[juvæj aŋæ]
beau-père (m)	üvey baba	[juvæj baba]

grand-mère (f)	büyük anne	[byjuk aŋæ]
grand-père (m)	büyük baba	[byjuk baba]
petit-fils (m)	erkek torun	[ærkæk torun]
petite-fille (f)	kız torun	[kız torun]
petits-enfants (pl)	torunlar	[torunlar]

oncle (m)	amca, dayı	[amdʒa], [dai:]
tante (f)	teyze, hala	[tæjzæ], [hala]
neveu (m)	erkek yeğen	[ærkæk jæ:n]
nièce (f)	kız yeğen	[kız jæ:n]

femme (f)	hanım, eş	[hanım], [æʃ]
mari (m)	eş, koca	[æʃ], [kodʒa]
marié (adj)	evli	[ævli]
mariée (adj)	evli	[ævli]
veuve (f)	dul kadın	[dul kadın]
veuf (m)	dul erkek	[dul ærkæk]

| prénom (m) | ad, isim | [ad], [isim] |
| nom (m) de famille | soyadı | [sojadı] |

parent (m)	akraba	[akraba]
ami (m)	dost, arkadaş	[dost], [arkadaʃ]
amitié (f)	dostluk	[dostluk]

partenaire (m)	ortak	[ortak]
supérieur (m)	amir	[amir]
collègue (m, f)	meslektaş	[mæslæktaʃ]
voisins (m pl)	komşular	[komʃular]

4. Le corps humain. L'anatomie

organisme (m)	organizma	[organizma]
corps (m)	vücut	[vydʒut]
cœur (m)	kalp	[kaʎp]
sang (m)	kan	[kan]
cerveau (m)	beyin	[bæjın]
nerf (m)	sinir	[sinir]

| os (m) | kemik | [kæmik] |
| squelette (f) | iskelet | [iskælæt] |

colonne (f) vertébrale	omurga	[omurga]
côte (f)	kaburga	[kaburga]
crâne (m)	kafatası	[kafatası]
muscle (m)	kas	[kas]
poumons (m pl)	akciğer	[akʤijær]
peau (f)	cilt	[ʤiʌt]
tête (f)	baş	[baʃ]
visage (m)	yüz	[juz]
nez (m)	burun	[burun]
front (m)	alın	[alın]
joue (f)	yanak	[janak]
bouche (f)	ağız	[aız]
langue (f)	dil	[diʌ]
dent (f)	diş	[diʃ]
lèvres (f pl)	dudaklar	[dudaklar]
menton (m)	çene	[ʧænæ]
oreille (f)	kulak	[kulak]
cou (m)	boyun	[bojun]
gorge (f)	boğaz	[boaz]
œil (m)	göz	[gøz]
pupille (f)	gözbebeği	[gøz bæbæı]
sourcil (m)	kaş	[kaʃ]
cil (m)	kirpik	[kirpik]
cheveux (m pl)	saçlar	[saʧlar]
coiffure (f)	saç	[saʧ]
moustache (f)	bıyık	[bıjık]
barbe (f)	sakal	[sakal]
porter (~ la barbe)	uzatmak, bırakmak	[uzatmak], [bırakmak]
chauve (adj)	kel	[kæʌ]
main (f)	el	[æʌ]
bras (m)	kol	[kol]
doigt (m)	parmak	[parmak]
ongle (m)	tırnak	[tırnak]
paume (f)	avuç	[avuʧ]
épaule (f)	omuz	[omuz]
jambe (f)	bacak	[baʤak]
pied (m)	ayak	[ajak]
genou (m)	diz	[diz]
talon (m)	topuk	[topuk]
dos (m)	sırt	[sırt]
taille (f) (~ de guêpe)	bel	[bæʌ]
grain (m) de beauté	ben	[bæn]

5. Les maladies. Les médicaments

santé (f)	sağlık	[sa:lık]
en bonne santé	sağlıklı	[sa:lıklı]
maladie (f)	hastalık	[hastalık]
être malade	hasta olmak	[hasta olmak]
malade (adj)	hasta	[hasta]
refroidissement (m)	soğuk algınlığı	[souk algınlı:]
prendre froid	soğuk almak	[souk almak]
angine (f)	anjin	[anʒin]
pneumonie (f)	zatürree	[zatyræ]
grippe (f)	grip	[grip]
rhume (m) (coryza)	nezle	[næzlæ]
toux (f)	öksürük	[øksyryk]
tousser (vi)	öksürmek	[øksyrmæk]
éternuer (vi)	hapşırmak	[hapʃırmak]
insulte (f)	felç	[fæʎtʃ]
crise (f) cardiaque	enfarktüs	[ænfarktys]
allergie (f)	alerji	[alærʒi]
asthme (m)	astım	[astım]
diabète (m)	diyabet	[diabæt]
tumeur (f)	tümör, ur	[tymør], [jur]
cancer (m)	kanser	[kansær]
alcoolisme (m)	alkoliklik	[alkoliklik]
SIDA (m)	AİDS	[æids]
fièvre (f)	sıtma	[sıtma]
mal (m) de mer	deniz tutması	[dæniz tutması]
bleu (m)	çürük	[tʃuryk]
bosse (f)	şişlik	[ʃiʃlik]
boiter (vi)	topallamak	[topallamak]
foulure (f)	çıkık	[tʃıkık]
se démettre (l'épaule, etc.)	çıkmak	[tʃıkmak]
fracture (f)	kırık, fraktür	[kirik], [fraktyr]
brûlure (f)	yanık	[janık]
blessure (f)	yara, zarar	[jara], [zarar]
douleur (f)	acı	[adʒı]
mal (m) de dents	diş ağrısı	[diʃ a:rısı]
suer (vi)	terlemek	[tærlæmæk]
sourd (adj)	sağır	[saır]
muet (adj)	dilsiz	[diʎsiz]
immunité (f)	bağışıklık	[baıʃıklık]
virus (m)	virüs	[virys]
microbe (m)	mikrop	[mikrop]

| bactérie (f) | bakteri | [baktæri] |
| infection (f) | enfeksiyon | [ænfæksijon] |

hôpital (m)	hastane	[hastanæ]
cure (f) (faire une ~)	çare	[ʧaræ]
vacciner (vt)	aşı yapmak	[aʃı japmak]
être dans le coma	komada olmak	[komada olmak]
réanimation (f)	yoğun bakım	[joun bakım]
symptôme (m)	belirti	[bælirti]
pouls (m)	nabız	[nabız]

6. Les sensations. Les émotions. La communication

je	ben	[bæn]
tu	sen	[sæn]
il, elle, ça	o	[o]

nous	biz	[biz]
vous	siz	[siz]
ils, elles	onlar	[onlar]

Bonjour! (fam.)	Selam!	[sæʎam]
Bonjour! (form.)	Merhaba!	[mærhaba]
Bonjour! (le matin)	Günaydın!	[gynajdın]
Bonjour! (après-midi)	İyi günler!	[iji gynlær]
Bonsoir!	İyi akşamlar!	[iji akʃamlar]

dire bonjour	selam vermek	[sæʎam værmæk]
saluer (vt)	selamlamak	[sæʎamlamak]
Comment ça va?	Nasılsın?	[nasılsın]
Au revoir!	Hoşca kalın!	[hoʃʤa kalın]
Merci!	Teşekkür ederim!	[tæʃækkyr ædærim]

sentiments (m pl)	duygular	[dujgular]
avoir faim	yemek istemek	[jæmæk istæmæk]
avoir soif	içmek istemek	[itʃmæk istæmæk]
fatigué (adj)	yorgun	[jorgun]

s'inquiéter (vp)	endişelenmek	[ændiʃælænmæk]
s'énerver (vp)	sinirlenmek	[sinirlænmæk]
espoir (m)	ümit	[jumit]
espérer (vi)	ummak	[ummak]

caractère (m)	karakter	[karaktær]
modeste (adj)	mütevazi	[mytævazi]
paresseux (adj)	tembel	[tæmbæʎ]
généreux (adj)	cömert	[ʤømært]
doué (adj)	yetenekli	[jætænækli]
honnête (adj)	dürüst	[dyryst]
sérieux (adj)	ciddi	[ʤiddi]

timide (adj)	çekingen	[tʃækiŋæn]
sincère (adj)	samimi	[samimi]
peureux (m)	korkak kimse	[korkak kimsæ]

dormir (vi)	uyumak	[ujumak]
rêve (m)	düş, rüya	[dyʃ], [ruja]
lit (m)	yatak	[jatak]
oreiller (m)	yastık	[jastık]

insomnie (f)	uykusuzluk	[ujkusuzluk]
aller se coucher	uyumaya gitmek	[ujumaja gitmæk]
cauchemar (m)	kabus	[kabus]
réveil (m)	çalar saat	[tʃalar sa:t]

sourire (m)	gülümseme	[gylymsæmæ]
sourire (vi)	gülümsemek	[gylymsæmæk]
rire (vi)	gülmek	[gyʎmæk]

dispute (f)	kavga	[kavga]
insulte (f)	hakaret	[hakaræt]
offense (f)	gücenme	[gydʒænmæ]
fâché (adj)	kızgın	[kızgın]

7. Les vêtements. Les accessoires personnels

vêtement (m)	elbise, kıyafet	[æʎbisæ], [kıjafæt]
manteau (m)	palto	[paʎto]
manteau (m) de fourrure	kürk manto	[kyrk manto]
veste (f) (~ en cuir)	ceket	[dʒækæt]
imperméable (m)	trençkot	[træntʃkot]
chemise (f)	gömlek	[gømlæk]
pantalon (m)	pantolon	[pantolon]
veston (m)	ceket	[dʒækæt]
complet (m)	takım elbise	[takım æʎbisæ]

robe (f)	elbise, kıyafet	[æʎbisæ], [kıjafæt]
jupe (f)	etek	[ætæk]
tee-shirt (m)	tişört	[tiʃort]
peignoir (m) de bain	bornoz	[bornoz]
pyjama (m)	pijama	[piʒama]
tenue (f) de travail	iş elbisesi	[iʃ æʎbisæsi]

sous-vêtements (m pl)	iç çamaşırı	[itʃ tʃamaʃırı]
chaussettes (f pl)	kısa çorap	[kısa tʃorap]
soutien-gorge (m)	sutyen	[sutʲæn]
collants (m pl)	külotlu çorap	[kyløtly tʃorap]
bas (m pl)	çorap	[tʃorap]
maillot (m) de bain	mayo	[majo]
chapeau (m)	şapka	[ʃapka]
chaussures (f pl)	ayakkabı	[ajakkabı]

bottes (f pl)	çizmeler	[ʧizmælær]
talon (m)	topuk	[topuk]
lacet (m)	bağ	[ba:]
cirage (m)	ayakkabı boyası	[ajakkabı bojası]

coton (m)	pamuk	[pamuk]
laine (f)	yün	[jun]
fourrure (f)	kürk	[kyrk]

gants (m pl)	eldiven	[æʌdivæn]
moufles (f pl)	tek parmaklı eldiven	[tæk parmaklı æʌdivæn]
écharpe (f)	atkı	[atkı]
lunettes (f pl)	gözlük	[gøzlyk]
parapluie (m)	şemsiye	[ʃæmsijæ]

cravate (f)	kravat	[kravat]
mouchoir (m)	mendil	[mændiʌ]
peigne (m)	tarak	[tarak]
brosse (f) à cheveux	saç fırçası	[saʧ firʧası]
boucle (f)	kemer tokası	[kæmær tokası]
ceinture (f)	kemer	[kæmær]
sac (m) à main	bayan çantası	[bajan ʧantası]

col (m)	yaka	[jaka]
poche (f)	cep	[ʤæp]
manche (f)	kol	[kol]
braguette (f)	pantolon fermuarı	[pantolon færmuarı]

fermeture (f) à glissière	fermuar	[færmuar]
bouton (m)	düğme	[dyjmæ]
se salir (vp)	kirlenmek	[kirlænmæk]
tache (f)	leke	[lækæ]

8. La ville. Les établissements publics

magasin (m)	mağaza	[ma:za]
centre (m) commercial	alışveriş merkezi	[alıʃværiʃ mærkæzi]
supermarché (m)	süpermarket	[sypærmarkæt]
magasin (m) de chaussures	ayakkabı mağazası	[ajakkabı ma:zası]
librairie (f)	kitabevi	[kitabævi]

pharmacie (f)	eczane	[æʤzanæ]
boulangerie (f)	ekmekçi dükkânı	[ækmækʧi dykkanı]
pâtisserie (f)	pastane	[pastanæ]
épicerie (f)	bakkaliye	[bakkalijæ]
boucherie (f)	kasap dükkanı	[kasap dykkanı]
magasin (m) de légumes	manav	[manav]
marché (m)	çarşı	[ʧarʃı]
salon (m) de coiffure	kuaför salonu	[kuafør salonu]
poste (f)	postane	[postanæ]

pressing (m)	kuru temizleme	[kuru tæmizlæmæ]
cirque (m)	sirk	[sirk]
zoo (m)	hayvanat bahçesi	[hajvanat bahtʃæsi]
théâtre (m)	tiyatro	[tijatro]
cinéma (m)	sinema	[sinæma]
musée (m)	müze	[myzæ]
bibliothèque (f)	kütüphane	[kytyphanæ]

mosquée (f)	cami	[dʒami]
synagogue (f)	sinagog	[sinagog]
cathédrale (f)	katedral	[katædral]
temple (m)	ibadethane	[ibadæthanæ]
église (f)	kilise	[kilisæ]

institut (m)	enstitü	[ænstity]
université (f)	üniversite	[juniværsitæ]
école (f)	okul	[okul]

hôtel (m)	otel	[otæʎ]
banque (f)	banka	[baŋka]
ambassade (f)	elçilik	[æʎtʃilik]
agence (f) de voyages	seyahat acentesi	[sæjahat adʒæntæsi]

métro (m)	metro	[mætro]
hôpital (m)	hastane	[hastanæ]
station-service (f)	benzin istasyonu	[bænzin istasʲonu]
parking (m)	park yeri	[park jæri]

ENTRÉE	GİRİŞ	[giriʃ]
SORTIE	ÇIKIŞ	[tʃɪkɪʃ]
POUSSER	İTİNİZ	[itiniz]
TIRER	ÇEKİNİZ	[tʃækiniz]
OUVERT	AÇIK	[atʃɪk]
FERMÉ	KAPALI	[kapalı]

monument (m)	anıt	[anıt]
forteresse (f)	kale	[kalæ]
palais (m)	saray	[saraj]

médiéval (adj)	ortaçağ	[ortatʃa:]
ancien (adj)	antik, eski	[antik], [æski]
national (adj)	milli	[milli]
connu (adj)	meşhur	[mæʃhur]

9. L'argent. Les finances

argent (m)	para	[para]
monnaie (f)	para	[para]
dollar (m)	dolar	[dolar]
euro (m)	Euro	[juro]

distributeur (m)	**bankamatik**	[baŋkamatik]
bureau (m) de change	**döviz bürosu**	[døviz byrosu]
cours (m) de change	**kur**	[kur]
espèces (f pl)	**nakit para**	[nakit para]
Combien?	**Kaç?**	[katʃ]
payer (régler)	**ödemek**	[ødæmæk]
paiement (m)	**ödeme**	[ødæmæ]
monnaie (f) (rendre la ~)	**para üstü**	[para justy]
prix (m)	**fiyat**	[fijat]
rabais (m)	**indirim**	[indirim]
bon marché (adj)	**ucuz**	[udʒuz]
cher (adj)	**pahalı**	[pahalı]
banque (f)	**banka**	[baŋka]
compte (m)	**hesap**	[hæsap]
carte (f) de crédit	**kredi kartı**	[krædi kartı]
chèque (m)	**çek**	[tʃæk]
faire un chèque	**çek yazmak**	[tʃæk jazmak]
chéquier (m)	**çek defteri**	[tʃæk dæftæri]
dette (f)	**borç**	[bortʃ]
débiteur (m)	**borçlu**	[bortʃlu]
prêter (vt)	**borç vermek**	[bortʃ værmæk]
emprunter (vt)	**borç almak**	[bortʃ almak]
louer (une voiture, etc.)	**kiralamak**	[kiralamak]
à crédit (adv)	**krediyle**	[krædijlæ]
portefeuille (m)	**cüzdan**	[dʒyzdan]
coffre fort (m)	**para kasası**	[para kasası]
héritage (m)	**miras**	[miras]
fortune (f)	**varlık**	[varlık]
impôt (m)	**vergi**	[værgi]
amende (f)	**ceza**	[dʒæza]
mettre une amende	**ceza kesmek**	[dʒæza kæsmæk]
en gros (adj)	**toptan olarak**	[toptan olarak]
au détail (adj)	**perakende**	[pærakændæ]
assurer (vt)	**sigorta ettirmek**	[sigorta ættirmæk]
assurance (f)	**sigorta**	[sigorta]
capital (m)	**sermaye**	[særmajæ]
chiffre (m) d'affaires	**muamele**	[muamælæ]
action (f)	**hisse senedi**	[hissæ sænædi]
profit (m)	**kâr**	[kʲar]
profitable (adj)	**kârlı**	[kʲarlı]
crise (f)	**kriz**	[kriz]
faillite (f)	**iflâs**	[ifʎas]
faire faillite	**iflâs etmek**	[ifʎas ætmæk]
comptable (m)	**muhasebeci**	[muhasæbædʒi]

| salaire (m) | maaş | [maːʃ] |
| prime (f) | prim | [prim] |

10. Les transports

autobus (m)	otobüs	[otobys]
tramway (m)	tramvay	[tramvaj]
trolleybus (m)	troleybüs	[trolæjbys]

prendre ...	... gitmek	[gitmæk]
monter (dans l'autobus)	... binmek	[binmæk]
descendre de ...	... inmek	[inmæk]

arrêt (m)	durak	[durak]
terminus (m)	son durak	[son durak]
horaire (m)	tarife	[tarifæ]
ticket (m)	bilet	[bilæt]
être en retard	gecikmek	[gædʒikmæk]

taxi (m)	taksi	[taksi]
en taxi	taksiyle	[taksiːlæ]
arrêt (m) de taxi	taksi durağı	[taksi duraɪ]

trafic (m)	trafik	[trafik]
heures (f pl) de pointe	bitirim ikili	[bitirim ikili]
se garer (vp)	park etmek	[park ætmæk]

métro (m)	metro	[mætro]
station (f)	istasyon	[istasʲon]
train (m)	tren	[træn]
gare (f)	istasyon	[istasʲon]
rails (m pl)	ray	[raj]
compartiment (m)	kompartıman	[kompartıman]
couchette (f)	yatak	[jatak]

avion (m)	uçak	[utʃak]
billet (m) d'avion	uçak bileti	[utʃak bilæti]
compagnie (f) aérienne	hava yolları şirketi	[hava jolları ʃirkæti]
aéroport (m)	havaalanı	[havaːlanı]

vol (m) (~ d'oiseau)	uçuş	[utʃuʃ]
bagage (m)	bagaj	[bagaʒ]
chariot (m)	bagaj arabası	[bagaʒ arabası]

bateau (m)	gemi	[gæmi]
bateau (m) de croisière	büyük gemi	[byjuk gæmi]
yacht (m)	yat	[jat]
canot (m) à rames	kayık	[kajık]
capitaine (m)	kaptan	[kaptan]
cabine (f)	kamara	[kamara]

port (m)	liman	[liman]
vélo (m)	bisiklet	[bisiklæt]
scooter (m)	scooter	[skutær]
moto (f)	motosiklet	[motosiklæt]
pédale (f)	pedal	[pædaʎ]
pompe (f)	pompa	[pompa]
roue (f)	tekerlek	[tækærlæk]

automobile (f)	araba	[araba]
ambulance (f)	ambulans	[ambulans]
camion (m)	kamyon	[kamʲon]
d'occasion (adj)	kullanılmış	[kullanılmıʃ]
accident (m) de voiture	kaza	[kaza]
réparation (f)	tamirat	[tamirat]

11. Les produits alimentaires. Partie 1

viande (f)	et	[æt]
poulet (m)	tavuk eti	[tavuk æti]
canard (m)	ördek	[ørdæk]

du porc	domuz eti	[domuz æti]
du veau	dana eti	[dana æti]
du mouton	koyun eti	[kojun æti]
du bœuf	sığır eti	[sıːr æti]

saucisson (m)	sucuk, sosis	[sudʒuk], [sosis]
œuf (m)	yumurta	[jumurta]
poisson (m)	balık	[balık]
fromage (m)	peynir	[pæjnir]
sucre (m)	şeker	[ʃækær]
sel (m)	tuz	[tuz]

riz (m)	pirinç	[pirintʃ]
pâtes (m pl)	makarna	[makarna]
beurre (m)	tereyağı	[tæræjaı]
huile (f) végétale	bitkisel yağ	[bitkisæʎ jaː]
pain (m)	ekmek	[ækmæk]
chocolat (m)	çikolata	[tʃikolata]

vin (m)	şarap	[ʃarap]
café (m)	kahve	[kahvæ]
lait (m)	süt	[syt]
jus (m)	meyve suyu	[mæjvæ suju]
bière (f)	bira	[bira]
thé (m)	çay	[tʃaj]

tomate (f)	domates	[domatæs]
concombre (m)	salatalık	[salatalık]
carotte (f)	havuç	[havutʃ]

pomme (f) de terre	patates	[patatæs]
oignon (m)	soğan	[soan]
ail (m)	sarımsak	[sarımsak]

chou (m)	lahana	[ʎahana]
betterave (f)	pancar	[pandʒar]
aubergine (f)	patlıcan	[patlıdʒan]
fenouil (m)	dereotu	[dæræotu]
laitue (f) (salade)	yeşil salata	[jæʃiʎ salata]
maïs (m)	mısır	[mısır]

fruit (m)	meyve	[mæjvæ]
pomme (f)	elma	[æʎma]
poire (f)	armut	[armut]
citron (m)	limon	[limon]
orange (f)	portakal	[portakal]
fraise (f)	çilek	[tʃilæk]

prune (f)	erik	[ærik]
framboise (f)	ahududu	[ahududu]
ananas (m)	ananas	[ananas]
banane (f)	muz	[muz]
pastèque (f)	karpuz	[karpuz]
raisin (m)	üzüm	[juzym]
melon (m)	kavun	[kavun]

12. Les produits alimentaires. Partie 2

cuisine (f)	mutfak	[mutfak]
recette (f)	yemek tarifi	[jæmæk tarifı]
nourriture (f)	yemek	[jæmæk]

prendre le petit déjeuner	kahvaltı yapmak	[kahvaltı japmak]
déjeuner (vi)	öğle yemeği yemek	[øjlæ jæmæi jæmæk]
dîner (vi)	akşam yemeği yemek	[akʃam jæmæi jæmæk]

goût (m)	tat	[tat]
bon (savoureux)	tatlı, lezzetli	[tatlı], [læzzætlı]
froid (adj)	soğuk	[souk]
chaud (adj)	sıcak	[sıdʒak]
sucré (adj)	tatlı	[tatlı]
salé (adj)	tuzlu	[tuzlu]

sandwich (m)	sandviç	[sandvitʃ]
garniture (f)	garnitür	[garnityr]
garniture (f)	iç	[itʃ]
sauce (f)	salça, sos	[saltʃa], [sos]
morceau (m)	parça	[partʃa]
régime (m)	rejim, diyet	[ræʒim], [dijæt]
vitamine (f)	vitamin	[vitamin]

| calorie (f) | kalori | [kalori] |
| végétarien (m) | vejetaryen kimse | [vædʒætariæn kimsæ] |

restaurant (m)	restoran	[ræstoran]
salon (m) de café	kahvehane	[kahvæhanæ]
appétit (m)	iştah	[iʃtah]
Bon appétit!	Afiyet olsun!	[afijæt olsun]

serveur (m)	garson	[garson]
serveuse (f)	kadın garson	[kadın garson]
barman (m)	barmen	[barmæn]
carte (f)	menü	[mæny]

cuillère (f)	kaşık	[kaʃık]
couteau (m)	bıçak	[bıʧak]
fourchette (f)	çatal	[ʧatal]
tasse (f)	fincan	[findʒan]

assiette (f)	tabak	[tabak]
soucoupe (f)	fincan tabağı	[findʒan tabaı]
serviette (f)	peçete	[pæʧætæ]
cure-dent (m)	kürdan	[kyrdan]

commander (vt)	sipariş etmek	[sipariʃ ætmæk]
plat (m)	yemek	[jæmæk]
portion (f)	porsiyon	[porsijon]
hors-d'œuvre (m)	çerez	[ʧæræz]
salade (f)	salata	[salata]
soupe (f)	çorba	[ʧorba]

dessert (m)	tatlı	[tatlı]
confiture (f)	reçel	[ræʧæʎ]
glace (f)	dondurma	[dondurma]
addition (f)	hesap	[hæsap]
régler l'addition	hesabı ödemek	[hæsabı ødæmæk]
pourboire (m)	bahşiş	[bahʃiʃ]

13. La maison. L'appartement. Partie 1

maison (f)	ev	[æv]
maison (f) de campagne	kır evi	[kır ævi]
villa (f)	villâ	[villa]

étage (m)	kat	[kat]
entrée (f)	giriş	[giriʃ]
mur (m)	duvar	[duvar]
toit (m)	çatı	[ʧatı]
cheminée (f)	baca	[badʒa]
grenier (m)	çatı arası	[ʧatı arası]
fenêtre (f)	pencere	[pændʒæræ]

rebord (m)	pencere kenarı	[pændʒæræ kænarı]
balcon (m)	balkon	[balkon]
escalier (m)	merdiven	[mærdivæn]
boîte (f) à lettres	posta kutusu	[posta kutusu]
poubelle (f) d'extérieur	çöp tenekesi	[tʃop tænækæsi]
ascenseur (m)	asansör	[asansør]
électricité (f)	elektrik	[ælæktrik]
ampoule (f)	ampul	[ampuʎ]
interrupteur (m)	elektrik düğmesi	[ælæktrik dyjmæsi]
prise (f)	priz	[priz]
fusible (m)	sigorta	[sigorta]
porte (f)	kapı	[kapı]
poignée (f)	kol	[kol]
clé (f)	anahtar	[anahtar]
paillasson (m)	paspas	[paspas]
serrure (f)	kilit	[kilit]
sonnette (f)	zil	[ziʎ]
coups (m pl) à la porte	kapıyı çalma	[kapıjı tʃalma]
frapper (~ à la porte)	kapıyı çalmak	[kapıjı tʃalmak]
judas (m)	kapı gözü	[kapı gøzy]
cour (f)	avlu	[avlu]
jardin (m)	bahçe	[bahtʃæ]
piscine (f)	havuz	[havuz]
salle (f) de gym	spor salonu	[spor salonu]
court (m) de tennis	tenis kortu	[tænis kortu]
garage (m)	garaj	[garaʒ]
propriété (f) privée	özel mülkiyet	[øzæʎ myʎkijæt]
panneau d'avertissement	ikaz yazısı	[ikaz jazısı]
sécurité (f)	güvenlik	[gyvænlik]
agent (m) de sécurité	güvenlik görevlisi	[gyvænlik gørævlisı]
rénovation (f)	tamirat	[tamirat]
faire la rénovation	tamir etmek	[tamir ætmæk]
remettre en ordre	düzene sokmak	[dyzænæ sokmak]
peindre (des murs)	boyamak	[bojamak]
papier (m) peint	duvar kağıdı	[duvar kʲaɪdı]
vernir (vt)	vernik sürmek	[værnik syrmæk]
tuyau (m)	boru	[boru]
outils (m pl)	aletler	[alætlær]
sous-sol (m)	bodrum	[bodrum]
égouts (m pl)	kanalizasyon	[kanalizasʲon]

14. La maison. L'appartement. Partie 2

appartement (m)	daire	[dairæ]
chambre (f)	oda	[oda]

chambre (f) à coucher	yatak odası	[jatak odası]
salle (f) à manger	yemek odası	[jæmæk odası]
salon (m)	misafir odası	[misafir odası]
bureau (m)	çalışma odası	[ʧalıʃma odası]
antichambre (f)	antre	[antræ]
salle (f) de bains	banyo odası	[baɲʲo odası]
toilettes (f pl)	tuvalet	[tuvalæt]
plancher (m)	taban, yer	[taban], [jær]
plafond (m)	tavan	[tavan]
essuyer la poussière	toz almak	[toz almak]
aspirateur (m)	elektrik süpürgesi	[ælæktrik sypyrgæsi]
passer l'aspirateur	elektrik süpürgesi ile süpürmek	[ælæktrik sypyrgæsi ilæ sypyrmæk]
balai (m) à franges	paspas	[paspas]
torchon (m)	bez	[bæz]
balayette (f) de sorgho	süpürge	[sypyrgæ]
pelle (f) à ordures	faraş	[faraʃ]
meubles (m pl)	mobilya	[mobiʎja]
table (f)	masa	[masa]
chaise (f)	sandalye	[sandaʎʲæ]
fauteuil (m)	koltuk	[koltuk]
bibliothèque (f) (meuble)	kitaplık	[kitaplık]
rayon (m)	kitap rafı	[kitap rafı]
armoire (f)	elbise dolabı	[æʎbisæ dolabı]
miroir (m)	ayna	[ajna]
tapis (m)	halı	[halı]
cheminée (f)	şömine	[ʃominæ]
rideaux (m pl)	perdeler	[pærdlær]
lampe (f) de table	masa lambası	[masa lambası]
lustre (m)	avize	[avizæ]
cuisine (f)	mutfak	[mutfak]
cuisinière (f) à gaz	gaz sobası	[gaz sobası]
cuisinière (f) électrique	elektrik ocağı	[ælæktrik oʤaı]
four (m) micro-ondes	mikrodalga fırın	[mikrodalga fırın]
réfrigérateur (m)	buzdolabı	[buzdolabı]
congélateur (m)	derin dondurucu	[dærin donduruʤu]
lave-vaisselle (m)	bulaşık makinesi	[bulaʃık makinæsi]
robinet (m)	musluk	[musluk]
hachoir (m) à viande	kıyma makinesi	[kıjma makinæsi]
centrifugeuse (f)	meyve sıkacağı	[mæjvæ sıkaʤaı]
grille-pain (m)	tost makinesi	[tost makinæsi]
batteur (m)	mikser	[miksær]
machine (f) à café	kahve makinesi	[kahvæ makinæsi]

| bouilloire (f) | çaydanlık | [ʧajdanlık] |
| théière (f) | demlik | [dæmlik] |

téléviseur (m)	televizyon	[tælævizion]
magnétoscope (m)	video	[vidæo]
fer (m) à repasser	ütü	[juty]
téléphone (m)	telefon	[tælæfon]

15. Les occupations. Le statut social

directeur (m)	müdür	[mydyr]
supérieur (m)	şef	[ʃæf]
président (m)	başkan	[baʃkan]
assistant (m)	asistan	[asistan]
secrétaire (m, f)	sekreter	[sækrætær]

propriétaire (m)	sahip	[sahip]
partenaire (m)	ortak	[ortak]
actionnaire (m)	hissedar	[hissædar]

homme (m) d'affaires	iş adamı	[iʃ adamı]
millionnaire (m)	milyoner	[miʎonær]
milliardaire (m)	milyarder	[miʎjardær]

acteur (m)	aktör	[aktør]
architecte (m)	mimar	[mimar]
banquier (m)	bankacı	[baŋkaʤı]
courtier (m)	borsa simsarı	[borsa sımsarı]
vétérinaire (m)	veteriner	[vætærinær]
médecin (m)	doktor, hekim	[doktor], [hækim]
femme (f) de chambre	hizmetçi	[hizmæʧi]
designer (m)	dizayncı	[dizajnʤi]
correspondant (m)	muhabir	[muhabir]
livreur (m)	kurye	[kuriæ]

électricien (m)	elektrikçi	[ælæktrikʧi]
musicien (m)	müzisyen	[myzisiæn]
baby-sitter (m, f)	çocuk bakıcısı	[ʧoʤuk bakıʤısı]
coiffeur (m)	kuaför	[kuafør]
berger (m)	çoban	[ʧoban]

chanteur (m)	şarkıcı	[ʃarkıʤı]
traducteur (m)	çevirmen	[ʧævirmæn]
écrivain (m)	yazar	[jazar]
charpentier (m)	dülger	[dylgær]
cuisinier (m)	aşçı	[aʃʧi]

pompier (m)	itfaiyeci	[itfajæʤi]
policier (m)	erkek polis	[ærkæk polis]
facteur (m)	postacı	[postaʤı]

| programmeur (m) | programcı | [programdʒɪ] |
| vendeur (m) | satıcı | [satɪdʒɪ] |

ouvrier (m)	işçi	[iʃtʃi]
jardinier (m)	bahçıvan	[bahtʃɪvan]
plombier (m)	tesisatçı	[tæsisatʃɪ]
stomatologue (m)	dişçi	[diʃtʃi]
hôtesse (f) de l'air	hostes	[hostæs]

danseur (m)	dansçı	[danstʃɪ]
garde (m) du corps	koruma görevlisi	[koruma gørævlis]
savant (m)	bilim adamı	[bilim adamɪ]
professeur (m)	öğretmen	[øjrætmæn]

fermier (m)	çiftçi	[tʃiftʃi]
chirurgien (m)	cerrah	[dʒærrah]
mineur (m)	maden işçisi	[madæn iʃtʃisi]
cuisinier (m) en chef	aşçıbaşı	[aʃtʃɪbaʃɪ]
chauffeur (m)	şoför	[ʃoføɾ]

16. Le sport

type (m) de sport	spor çeşidi	[spor tʃæʃidi]
football (m)	futbol	[futbol]
hockey (m)	hokey	[hokæj]
basket-ball (m)	basketbol	[baskætbol]
base-ball (m)	beyzbol	[bæjzbol]

volley-ball (m)	voleybol	[volæjbol]
boxe (f)	boks	[boks]
lutte (f)	güreş	[gyræʃ]
tennis (m)	tenis	[tænis]
natation (f)	yüzme	[juzmæ]

échecs (m pl)	satranç	[satrantʃ]
course (f)	koşu	[koʃu]
athlétisme (m)	atletizm	[atlætizm]
patinage (m) artistique	artistik patinaj	[artistik patinaʒ]
cyclisme (m)	bisiklet sporu	[bisiklæt sporu]

billard (m)	bilardo	[biʎardo]
bodybuilding (m)	vücut geliştirme	[vydʒut gæliʃtirmæ]
golf (m)	golf	[goʎf]
plongée (f)	dalgıçlık	[dalgɪtʃlɪk]
voile (f)	yelken sporu	[jælkæn sporu]
tir (m) à l'arc	okçuluk	[oktʃuluk]

mi-temps (f)	yarı	[jarɪ]
mi-temps (f) (pause)	ara	[ara]
match (m) nul	beraberlik	[bærabærlik]

faire match nul	berabere kalmak	[bærabæræ kalmak]
tapis (m) roulant	koşu bandı	[koʃu bandı]
joueur (m)	oyuncu	[ojundʒu]
remplaçant (m)	yedek oyuncu	[jædæk ojundʒu]
banc (m) des remplaçants	yedek kulübesi	[jædæk kulybæsi]

match (m)	maç	[matʃ]
but (m)	kale	[kalæ]
gardien (m) de but	kaleci	[kalædʒi]
but (m)	gol	[gol]

Jeux (m pl) olympiques	Olimpiyat Oyunları	[olimpijat ojunları]
établir un record	rekor kırmak	[rækor kırmak]
finale (f)	final	[final]
champion (m)	şampiyon	[ʃampion]
championnat (m)	şampiyona	[ʃampiona]

gagnant (m)	galip, kazanan	[galip], [kazanan]
victoire (f)	zafer	[zafær]
gagner (vi)	kazanmak	[kazanmak]
perdre (vi)	kaybetmek	[kajbætmæk]
médaille (f)	madalya	[madaʎja]

première place (f)	birincilik	[birindʒilik]
deuxième place (f)	ikincilik	[ikindʒilik]
troisième place (f)	üçüncülük	[utʃundʒylyk]

stade (m)	stadyum	[stadjym]
supporteur (m)	fan, taraftar	[fan], [taraftar]
entraîneur (m)	antrenör	[antrænør]
entraînement (m)	antrenman	[idman], [antrænman]

17. Les langues étrangères. L'orthographe

langue (f)	dil	[diʎ]
étudier (vt)	öğrenim görmek	[øjrænim gørmæk]
prononciation (f)	telaffuz	[tælaffyz]
accent (m)	aksan	[aksan]

nom (m)	isim	[isim]
adjectif (m)	sıfat	[sıfat]
verbe (m)	fiil	[fi:ʎ]
adverbe (m)	zarf	[zarf]

pronom (m)	zamir	[zamir]
interjection (f)	ünlem	[junlæm]
préposition (f)	edat, ilgeç	[ædat], [ilgætʃ]

| racine (f) | kelime kökü | [kælimæ køky] |
| terminaison (f) | sonek | [sonæk] |

préfixe (m)	ön ek	[øn æk]
syllabe (f)	hece	[hædʒæ]
suffixe (m)	son ek	[son æk]

accent (m) tonique	vurgu	[vurgu]
point (m)	nokta	[nokta]
virgule (f)	virgül	[virgyʎ]
deux-points (m)	iki nokta	[iki nokta]
points (m pl) de suspension	üç nokta	[jutʃ nokta]

question (f)	soru	[soru]
point (m) d'interrogation	soru işareti	[soru iʃaræti]
point (m) d'exclamation	ünlem işareti	[junlæm iʃaræti]

entre guillemets	tırnak içinde	[tırnak itʃindæ]
entre parenthèses	parantez içinde	[parantæz itʃindæ]
lettre (f)	harf	[harf]
majuscule (f)	büyük harf	[byjuk harf]
proposition (f)	cümle	[dʒymlæ]
groupe (m) de mots	kelime grubu	[kælimæ grubu]
expression (f)	deyim, ifade	[dæim], [ifadæ]

sujet (m)	özne	[øznæ]
prédicat (m)	yüklem	[juklæm]
ligne (f)	satır	[satır]
paragraphe (m)	paragraf	[paragraf]

synonyme (m)	eşanlamlı sözcük	[æʃanlamlı søzdʒyk]
antonyme (m)	karşıt anlamlı sözcük	[karʃıt anlamlı søzʒyk]
exception (f)	istisna	[istisna]
souligner (vt)	altını çizmek	[altını tʃizmæk]

règles (f pl)	kurallar	[kurallar]
grammaire (f)	gramer	[gramær]
vocabulaire (m)	kelime hazinesi	[kælimæ hazinæsi]
phonétique (f)	fonetik	[fonætik]
alphabet (m)	alfabe	[aʎfabæ]

manuel (m)	ders kitabı	[dærs kitabı]
dictionnaire (m)	sözlük	[søzlyk]
guide (m) de conversation	konuşma kılavuzu	[konuʃma kılavuzu]

mot (m)	kelime	[kælimæ]
sens (m)	mana	[mana]
mémoire (f)	hafıza	[hafıza]

18. La Terre. La géographie

| Terre (f) | Dünya | [dyɲja] |
| globe (m) terrestre | yerküre | [jærkyræ] |

planète (f)	gezegen	[gæzægæn]
géographie (f)	coğrafya	[dʒorafja]
nature (f)	doğa	[doa]
carte (f)	harita	[harita]
atlas (m)	atlas	[atlas]

au nord	kuzeyde	[kuzæjdæ]
au sud	güneyde	[gynæjdæ]
à l'occident	batıda	[batıda]
à l'orient	doğuda	[douda]

mer (f)	deniz	[dæniz]
océan (m)	okyanus	[okjanus]
golfe (m)	körfez	[kørfæz]
détroit (m)	boğaz	[boaz]

continent (m)	kıta	[kıta]
île (f)	ada	[ada]
presqu'île (f)	yarımada	[jarımada]
archipel (m)	takımada	[takımada]

port (m)	liman	[liman]
récif (m) de corail	mercan kayalığı	[mærdʒan kajalı:]
littoral (m)	kıyı	[kıjı]
côte (f)	kıyı, sahil	[kıjı], [sahil]

| marée (f) haute | kabarma | [kabarma] |
| marée (f) basse | cezir | [dʒæzir] |

latitude (f)	enlem	[ænlæm]
longitude (f)	boylam	[bojlam]
parallèle (f)	paralel	[paralæʎ]
équateur (m)	ekvator	[ækvator]

ciel (m)	gök	[gøk]
horizon (m)	ufuk	[ufuk]
atmosphère (f)	atmosfer	[atmosfær]

montagne (f)	dağ	[da:]
sommet (m)	zirve	[zirvæ]
rocher (m)	kaya	[kaja]
colline (f)	tepe	[tæpæ]

volcan (m)	yanardağ	[janarda:]
glacier (m)	buzluk	[buzluk]
chute (f) d'eau	şelâle	[ʃælalæ]
plaine (f)	ova	[ova]

rivière (f), fleuve (m)	nehir, ırmak	[næhir], [ırmak]
source (f)	kaynak	[kajnak]
rive (f)	sahil	[sahiʎ]
en aval	nehir boyunca	[næhir bojundʒa]

en amont	nehirden yukarı	[næhirdæn jukarı]
lac (m)	göl	[gøʎ]
barrage (m)	baraj	[baraʒ]
canal (m)	kanal	[kanal]
marais (m)	bataklık	[bataklık]
glace (f)	buz	[buz]

19. Les pays du monde. Partie 1

Europe (f)	Avrupa	[avrupa]
Union (f) européenne	Avrupa Birliği	[avrupa birli:]
européen (m)	Avrupalı	[avrupalı]
européen (adj)	Avrupa	[avrupa]

Autriche (f)	Avusturya	[avusturja]
Grande-Bretagne (f)	Büyük Britanya	[byjuk britaɲja]
Angleterre (f)	İngiltere	[iɲiʎtæræ]
Belgique (f)	Belçika	[bæʎtʃika]
Allemagne (f)	Almanya	[almaɲja]

Pays-Bas (m)	Hollanda	[hollanda]
Hollande (f)	Hollanda	[hollanda]
Grèce (f)	Yunanistan	[junanistan]
Danemark (m)	Danimarka	[danimarka]
Irlande (f)	İrlanda	[irlanda]

Islande (f)	İzlanda	[izlanda]
Espagne (f)	İspanya	[ispaɲja]
Italie (f)	İtalya	[itaʎja]
Chypre (m)	Kıbrıs	[kıbrıs]
Malte (f)	Malta	[maʎta]

Norvège (f)	Norveç	[norvætʃ]
Portugal (m)	Portekiz	[portækiz]
Finlande (f)	Finlandiya	[finʎandja]
France (f)	Fransa	[fransa]
Suède (f)	İsveç	[isvætʃ]

Suisse (f)	İsviçre	[isvitʃræ]
Écosse (f)	İskoçya	[iskotʃja]
Vatican (m)	Vatikan	[vatikan]
Liechtenstein (m)	Lihtenştayn	[lihtænʃtajn]
Luxembourg (m)	Lüksemburg	[lyksæmburg]

Monaco (m)	Monako	[monako]
Albanie (f)	Arnavutluk	[arnavutluk]
Bulgarie (f)	Bulgaristan	[bulgaristan]
Hongrie (f)	Macaristan	[madʒaristan]
Lettonie (f)	Letonya	[lætoɲja]
Lituanie (f)	Litvanya	[litvaɲja]

Pologne (f)	Polonya	[poloɲja]
Roumanie (f)	Romanya	[romaɲja]
Serbie (f)	Sırbistan	[sırbistan]
Slovaquie (f)	Slovakya	[slovakja]

Croatie (f)	Hırvatistan	[hırvatistan]
République (f) Tchèque	Çek Cumhuriyeti	[ʧæk ʤumhurijæti]
Estonie (f)	Estonya	[æstoɲja]
Bosnie (f)	Bosna-Hersek	[bosna hærtsæk]
Macédoine (f)	Makedonya	[makædoɲja]

Slovénie (f)	Slovenya	[slovæɲja]
Monténégro (m)	Karadağ	[karada:]
Biélorussie (f)	Beyaz Rusya	[bæjaz rusja]
Moldavie (f)	Moldova	[moldova]
Russie (f)	Rusya	[rusja]
Ukraine (f)	Ukrayna	[ukrajna]

20. Les pays du monde. Partie 2

Asie (f)	Asya	[asja]
Vietnam (m)	Vietnam	[vi̯ætnam]
Inde (f)	Hindistan	[hindistan]
Israël (m)	İsrail	[israiʎ]
Chine (f)	Çin	[ʧin]

Liban (m)	Lübnan	[lybnan]
Mongolie (f)	Moğolistan	[mo:listan]
Malaisie (f)	Malezya	[malæzja]
Pakistan (m)	Pakistan	[pakistan]
Arabie (f) Saoudite	Suudi Arabistan	[su:di arabistan]

Thaïlande (f)	Tayland	[tailand]
Taïwan (m)	Tayvan	[tajvan]
Turquie (f)	Türkiye	[tyrkijæ]
Japon (m)	Japonya	[ʒapoɲja]
Afghanistan (m)	Afganistan	[afganistan]

Bangladesh (m)	Bangladeş	[baɲladæʃ]
Indonésie (f)	Endonezya	[ændonæzja]
Jordanie (f)	Ürdün	[urdyn]
Iraq (m)	Irak	[ırak]
Iran (m)	İran	[iran]
Cambodge (m)	Kamboçya	[kambotʃja]
Koweït (m)	Kuveyt	[kuvæjt]
Laos (m)	Laos	[laos]
Myanmar (m)	Myanmar	[mjanmar]
Népal (m)	Nepal	[næpal]
Fédération (f) des Émirats Arabes Unis	Birleşik Arap Emirlikleri	[birlæʃik arap æmirliklæri]

Syrie (f)	Suriye	[surijæ]
Corée (f) du Sud	Güney Kore	[gynæj koræ]
Corée (f) du Nord	Kuzey Kore	[kuzæj koræ]
Les États Unis	Amerika Birleşik Devletleri	[amærika birlæʃik dævlætlæri]
Canada (m)	Kanada	[kanada]
Mexique (m)	Meksika	[mæksika]
Argentine (f)	Arjantin	[arʒantin]
Brésil (m)	Brezilya	[bræziʎja]
Colombie (f)	Kolombiya	[kolombija]
Cuba (f)	Küba	[kyba]
Chili (m)	Şili	[ʃili]
Venezuela (f)	Venezuela	[vænæzuæla]
Équateur (m)	Ekvator	[ækvator]
Bahamas (f pl)	Bahama adaları	[bahama adaları]
Panamá (m)	Panama	[panama]
Égypte (f)	Mısır	[mısır]
Maroc (m)	Fas	[fas]
Tunisie (f)	Tunus	[tunus]
Kenya (m)	Kenya	[kæɲja]
Libye (f)	Libya	[libja]
République (f) Sud-africaine	Güney Afrika Cumhuriyeti	[gynæj afrika dʒumhurijæti]
Australie (f)	Avustralya	[avustraʎja]
Nouvelle Zélande (f)	Yeni Zelanda	[jæni zælanda]

21. Le temps. Les catastrophes naturelles

temps (m)	hava	[hava]
météo (f)	hava tahmini	[hava tahmini]
température (f)	sıcaklık	[sıdʒaklık]
thermomètre (m)	termometre	[tærmomætræ]
baromètre (m)	barometre	[baromætræ]
soleil (m)	güneş	[gynæʃ]
briller (soleil)	ışık vermek	[ıʃık værmæk]
ensoleillé (jour ~)	güneşli	[gynæʃli]
se lever (vp)	doğmak	[do:mak]
se coucher (vp)	batmak	[batmak]
pluie (f)	yağmur	[ja:mur]
il pleut	yağmur yağıyor	[ja:mur jaıjor]
pluie (f) torrentielle	sağanak	[sa:nak]
nuée (f)	yağmur bulutu	[ja:mur bulutu]
flaque (f)	su birikintisi	[su birikintisi]
se faire mouiller	ıslanmak	[ıslanmak]

orage (m)	fırtına	[fırtına]
éclair (m)	şimşek	[ʃimʃæk]
éclater (foudre)	çakmak	[tʃakmak]
tonnerre (m)	gök gürültüsü	[gøk gyryltysy]
le tonnerre gronde	gök gürlüyor	[gøk gyrlyjor]
grêle (f)	dolu	[dolu]
il grêle	dolu yağıyor	[dolu jaıjor]

chaleur (f) (canicule)	sıcaklık	[sıdʒaklık]
il fait très chaud	hava sıcak	[hava sıdʒak]
il fait chaud	hava ılık	[hava ılık]
il fait froid	hava soğuk	[hava souk]

brouillard (m)	sis, duman	[sis], [duman]
brumeux (adj)	sisli	[sisli]
nuage (m)	bulut	[bulut]
nuageux (adj)	bulutlu	[bulutlu]
humidité (f)	nem	[næm]

neige (f)	kar	[kar]
il neige	kar yağıyor	[kar jaıjor]
gel (m)	ayaz	[ajaz]
au-dessous de zéro	sıfırın altında	[sıfırın altında]
givre (m)	kırağı	[kıraı]

intempéries (f pl)	kötü hava	[køty hava]
catastrophe (f)	felaket	[fæʎakæt]
inondation (f)	taşkın	[taʃkın]
avalanche (f)	çığ	[tʃı:]
tremblement (m) de terre	deprem	[dæpræm]

secousse (f)	sarsıntı	[sarsıntı]
épicentre (m)	deprem merkezi	[dæpræm mærkæzi]
éruption (f)	püskürme	[pyskyrmæ]
lave (f)	lav	[lav]

tornade (f)	kasırga	[kasırga]
tourbillon (m)	hortum	[hortum]
ouragan (m)	kasırga	[kasırga]
tsunami (m)	tsunami	[tsunami]
cyclone (m)	siklon	[siklon]

22. Les animaux. Partie 1

| animal (m) | hayvan | [hajvan] |
| prédateur (m) | yırtıcı hayvan | [jırtıdʒı hajvan] |

tigre (m)	kaplan	[kaplan]
lion (m)	aslan	[aslan]
loup (m)	kurt	[kurt]

| renard (m) | tilki | [tiʌki] |
| jaguar (m) | jagar, jaguar | [ʒagar] |

lynx (m)	vaşak	[vaʃak]
coyote (m)	kır kurdu	[kır kurdu]
chacal (m)	çakal	[ʧakal]
hyène (f)	sırtlan	[sırtlan]

écureuil (m)	sincap	[sindʒap]
hérisson (m)	kirpi	[kirpi]
lapin (m)	tavşan	[tavʃan]
raton (m)	rakun	[rakun]

hamster (m)	cırlak sıçan	[dʒirlak sıʧan]
taupe (f)	köstebek	[køstæbæk]
souris (f)	fare	[faræ]
rat (m)	sıçan	[sıʧan]
chauve-souris (f)	yarasa	[jarasa]

castor (m)	kunduz	[kunduz]
cheval (m)	at	[at]
cerf (m)	geyik	[gæjık]
chameau (m)	deve	[dævæ]
zèbre (m)	zebra	[zæbra]

baleine (f)	balina	[balina]
phoque (m)	fok	[fok]
morse (m)	mors	[mors]
dauphin (m)	yunus	[junus]

ours (m)	ayı	[ajı]
singe (m)	maymun	[majmun]
éléphant (m)	fil	[fiʌ]
rhinocéros (m)	gergedan	[gærgædan]
girafe (f)	zürafa	[zyrafa]

hippopotame (m)	su aygırı	[su ajgırı]
kangourou (m)	kanguru	[kaŋuru]
chat (m) (femelle)	kedi	[kædi]

vache (f)	inek	[inæk]
taureau (m)	boğa	[boa]
brebis (f)	koyun	[kojun]
chèvre (f)	keçi	[kæʧi]

âne (m)	eşek	[æʃæk]
cochon (m)	domuz	[domuz]
poule (f)	tavuk	[tavuk]
coq (m)	horoz	[horoz]

| canard (m) | ördek | [ørdæk] |
| oie (f) | kaz | [kaz] |

| dinde (f) | dişi hindi | [diʃi hindi] |
| berger (m) | çoban köpeği | [ʧoban køpæi] |

23. Les animaux. Partie 2

oiseau (m)	kuş	[kuʃ]
pigeon (m)	güvercin	[gyværʤin]
moineau (m)	serçe	[særʧæ]
mésange (f)	baştankara	[baʃtaŋkara]
pie (f)	saksağan	[saksa:n]

aigle (m)	kartal	[kartal]
épervier (m)	atmaca	[atmadʒa]
faucon (m)	doğan	[doan]

cygne (m)	kuğu	[ku:]
grue (f)	turna	[turna]
cigogne (f)	leylek	[læjlæk]
perroquet (m)	papağan	[papa:n]
paon (m)	tavus	[tavus]
autruche (f)	deve kuşu	[dævæ kuʃu]

héron (m)	balıkçıl	[balıkʧil]
rossignol (m)	bülbül	[byʎbyʎ]
hirondelle (f)	kırlangıç	[kırlaŋıʧ]
pivert (m)	ağaçkakan	[a:ʧkakan]
coucou (m)	guguk	[guguk]
chouette (f)	baykuş	[bajkuʃ]

pingouin (m)	penguen	[pæŋuæn]
thon (m)	ton balığı	[ton balı:]
truite (f)	alabalık	[alabalık]
anguille (f)	yılan balığı	[jılan balı:]

requin (m)	köpek balığı	[køpæk balı:]
crabe (m)	yengeç	[jæŋætʃ]
méduse (f)	denizanası	[dæniz anası]
pieuvre (f), poulpe (m)	ahtapot	[ahtapot]

étoile (f) de mer	deniz yıldızı	[dæniz jıldızı]
oursin (m)	deniz kirpisi	[dæniz kirpisi]
hippocampe (m)	denizatı	[dænizatı]
crevette (f)	karides	[karidæs]

serpent (m)	yılan	[jılan]
vipère (f)	engerek	[æŋiræk]
lézard (m)	kertenkele	[kærtæŋkælæ]
iguane (m)	iguana	[iguana]
caméléon (m)	bukalemun	[bukalæmun]
scorpion (m)	akrep	[akræp]

tortue (f)	kaplumbağa	[kaplumba:]
grenouille (f)	kurbağa	[kurba:]
crocodile (m)	timsah	[timsah]
insecte (m)	böcek, haşere	[bødʒæk], [haʃæræ]
papillon (m)	kelebek	[kælæbæk]
fourmi (f)	karınca	[karındʒa]
mouche (f)	sinek	[sinæk]

moustique (m)	sivri sinek	[sivri sinæk]
scarabée (m)	böcek	[bødʒæk]
abeille (f)	arı	[arı]
araignée (f)	örümcek	[ørymdʒæk]
coccinelle (f)	uğur böceği	[u:r bødʒæi]

24. La flore. Les arbres

arbre (m)	ağaç	[a:tʃ]
bouleau (m)	huş ağacı	[huʃ a:dʒı]
chêne (m)	meşe	[mæʃæ]
tilleul (m)	ıhlamur	[ıhlamur]
tremble (m)	titrek kavak	[titræk kavak]

érable (m)	akça ağaç	[aktʃa a:tʃ]
épicéa (m)	ladin ağacı	[ladin a:dʒı]
pin (m)	çam ağacı	[tʃam a:dʒı]
cèdre (m)	sedir	[sædir]

peuplier (m)	kavak	[kavak]
sorbier (m)	üvez ağacı	[juvæz a:dʒı]
hêtre (m)	kayın	[kajın]
orme (m)	karaağaç	[kara a:tʃ]

frêne (m)	dişbudak ağacı	[diʃbudak a:dʒı]
marronnier (m)	kestane	[kæstanæ]
palmier (m)	palmiye	[paʎmijæ]
buisson (m)	çalı	[tʃalı]

champignon (m)	mantar	[mantar]
champignon (m) vénéneux	zehirli mantar	[zæhirli mantar]
cèpe (m)	bir mantar türü	[bir mantar tyry]
russule (f)	çiğ yenen mantar	[tʃi: jænæn mantar]
amanite (f) tue-mouches	sinek mantarı	[sinæk mantarı]
oronge (f) verte	köygöçüren mantarı	[køjgytʃuræn mantarı]

fleur (f)	çiçek	[tʃitʃæk]
bouquet (m)	demet	[dæmæt]
rose (f)	gül	[gyʎ]
tulipe (f)	lale	[ʎalæ]
oeillet (m)	karanfil	[karanfiʎ]
marguerite (f)	papatya	[papatja]

cactus (m)	kaktüs	[kaktys]
muguet (m)	inci çiçeği	[indʒi tʃitʃæi]
perce-neige (f)	kardelen	[kardælæn]
nénuphar (m)	beyaz nilüfer	[bæjaz nilyfær]

serre (f) tropicale	limonluk	[limonlyk]
gazon (m)	çimen	[tʃimæn]
parterre (m) de fleurs	çiçek tarhı	[tʃitʃæk tarhı]

plante (f)	bitki	[bitki]
herbe (f)	ot	[ot]
feuille (f)	yaprak	[japrak]
pétale (m)	taçyaprağı	[tatʃjapraı]
tige (f)	sap	[sap]
pousse (f)	filiz	[filiz]

céréales (f pl) (plantes)	tahıllar	[tahıllar]
blé (m)	buğday	[bu:daj]
seigle (m)	çavdar	[tʃavdar]
avoine (f)	yulaf	[julaf]

millet (m)	darı	[darı]
orge (f)	arpa	[arpa]
maïs (m)	mısır	[mısır]
riz (m)	pirinç	[pirintʃ]

25. Les mots souvent utilisés

aide (f)	yardım	[jardım]
arrêt (m) (pause)	ara	[ara]
balance (f)	denge	[dæŋæ]
base (f)	temel	[tæmæʎ]
catégorie (f)	kategori	[katægori]

choix (m)	seçme	[sætʃmæ]
coïncidence (f)	tesadüf	[tæsadyf]
comparaison (f)	karşılaştırma	[karʃılaʃtırma]
début (m)	başlangıç	[baʃlaŋıtʃ]
degré (m) (~ de liberté)	derece	[dærædʒæ]

développement (m)	gelişme	[gæliʃmæ]
différence (f)	farklılık	[farklılık]
effet (m)	tesir	[tæsir]
effort (m)	çaba	[tʃaba]

élément (m)	eleman	[ælæman]
exemple (m)	örnek	[ørnæk]
fait (m)	gerçek	[gærtʃæk]
faute, erreur (f)	hata	[hata]
forme (f)	şekil	[ʃækiʎ]

idéal (m)	ideal	[idæal]
mode (m) (méthode)	usul	[usuʎ]
moment (m)	an	[an]
obstacle (m)	engel	[æŋæʎ]
part (f)	kısım	[kısım]

pause (f)	ara	[ara]
position (f)	vaziyet	[vazijæt]
problème (m)	problem	[problæm]
processus (m)	süreç	[syræʧ]
progrès (m)	ilerleme	[ilærlæmæ]

propriété (f) (qualité)	özellik	[øzællik]
réaction (f)	tepki	[tæpki]
risque (m)	risk	[risk]
secret (m)	sır	[sır]
série (f)	seri	[særi]

situation (f)	durum	[durum]
solution (f)	çözüm	[ʧozym]
standard (adj)	standart	[standart]
style (m)	tarz	[tarz]
système (m)	sistem	[sistæm]

tableau (m) (grille)	tablo	[tablo]
tempo (m)	tempo	[tæmpo]
terme (m)	terim	[tærim]
tour (m) (attends ton ~)	sıra	[sıra]
type (m) (~ de sport)	çeşit	[ʧæʃit]

urgent (adj)	acil	[adʒiʎ]
utilité (f)	fayda	[fajda]
vérité (f)	hakikat	[hakikat]
version (f)	versiyon	[værsⁱon]
zone (f)	bölge	[bøʎgæ]

26. Les adjectifs. Partie 1

aigre (fruits ~s)	ekşi	[ækʃi]
amer (adj)	acı	[adʒı]
ancien (adj)	antik, eski	[antik], [æski]
artificiel (adj)	suni	[suni]
aveugle (adj)	kör	[kør]

bas (voix ~se)	alçak	[alʧak]
beau (homme)	güzel	[gyzæʎ]
bien affilé (adj)	sivri, keskin	[sivri], [kæskin]
bon (savoureux)	tatlı, lezzetli	[tatlı], [læzzætlı]
bronzé (adj)	bronzlaşmış	[bronzlaʃmıʃ]
central (adj)	merkez	[mærkæz]

clandestin (adj)	yeraltı	[jæraltı]
compatible (adj)	uyumlu	[ujumlu]
content (adj)	memnun	[mæmnun]
continu (usage ~)	uzatılmış	[uzatılmıʃ]
court (de taille)	kısa	[kısa]
cru (non cuit)	çiğ	[tʃiː]
dangereux (adj)	tehlikeli	[tæhlikæli]
d'enfant (adj)	çocuklar için	[tʃodʒuklar itʃin]
dense (brouillard ~)	yoğun	[joun]
dernier (final)	en son	[æn son]
difficile (décision)	zor	[zor]
d'occasion (adj)	kullanılmış	[kullanılmıʃ]
douce (l'eau ~)	tatlı	[tatlı]
droit (pas courbe)	düz	[dyz]
droit (situé à droite)	sağ	[saː]
dur (pas mou)	katı	[katı]
étroit (passage, etc.)	dar	[dar]
excellent (adj)	pek iyi	[pæk ijı]
excessif (adj)	fazla, aşırı	[fazla], [aʃırı]
extérieur (adj)	dış	[dıʃ]
facile (adj)	kolay	[kolaj]
fertile (le sol ~)	verimli	[værimli]
fort (homme ~)	güçlü	[gytʃly]
fort (voix ~e)	yüksek	[juksæk]
fragile (vaisselle, etc.)	kırılgan	[kırılgan]
gauche (adj)	sol	[sol]
géant (adj)	kocaman	[kodʒaman]
grand (dimension)	büyük	[byjuk]
gratuit (adj)	bedava	[bædava]
heureux (adj)	mutlu	[mutlu]
immobile (adj)	hareketsiz	[harækætsiz]
important (adj)	önemli	[ønæmli]
intelligent (adj)	zeki	[zæki]
intérieur (adj)	iç	[itʃ]
légal (adj)	kanuni	[kanuni]
léger (pas lourd)	hafif	[hafif]
liquide (adj)	sıvı	[sıvı]
lisse (adj)	düz	[dyz]
long (~ chemin)	uzun	[uzun]

27. Les adjectifs. Partie 2

malade (adj)	hasta	[hasta]
mat (couleur)	mat	[mat]

mauvais (adj)	kötü	[køty]
mort (adj)	ölü	[øly]
mou (souple)	yumuşak	[jumuʃak]
mûr (fruit ~)	olgun	[olgun]
mystérieux (adj)	esrarengiz	[æsraræŋiz]
natal (ville, pays)	yerli	[jærli]
négatif (adj)	olumsuz	[olumsuz]
neuf (adj)	yeni	[jæni]
normal (adj)	normal	[normaʎ]
obligatoire (adj)	zorunlu	[zorunlu]
opposé (adj)	zıt	[zıt]
ordinaire (adj)	sıradan	[sıradan]
original (peu commun)	orijinal	[oriʒinal]
ouvert (adj)	açık	[atʃık]
parfait (adj)	çok güzel, süper	[tʃok gyzæʎ], [supær]
pas clair (adj)	donuk	[donuk]
pas difficile (adj)	zor olmayan	[zor olmajan]
passé (le mois ~)	geçen	[gætʃæn]
pauvre (adj)	fakir	[fakir]
personnel (adj)	özel	[øzæʎ]
petit (adj)	küçük	[kytʃuk]
peu profond (adj)	sığ	[sı:]
plein (rempli)	dolu	[dolu]
poli (adj)	nazik	[nazik]
possible (adj)	mümkün	[mymkyn]
précis, exact (adj)	tam, kesin	[tam], [kæsin]
principal (adj)	ana, baş	[ana], [baʃ]
principal (idée ~e)	esas	[æsas]
probable (adj)	olası	[olası]
propre (chemise ~)	temiz	[tæmiz]
public (adj)	kamu	[kamu]
rapide (adj)	hızlı	[hızlı]
rare (adj)	nadir	[nadir]
risqué (adj)	riskli	[riskli]
sale (pas propre)	kirli	[kirli]
similaire (adj)	benzer	[bænzær]
solide (bâtiment, etc.)	dayanıklı	[dajanıklı]
spacieux (adj)	geniş	[gæniʃ]
spécial (adj)	özel	[øzæʎ]
stupide (adj)	aptal	[aptal]
sucré (adj)	tatlı	[tatlı]
suivant (vol ~)	sonraki	[sonraki]
supplémentaire (adj)	ek	[æk]
surgelé (produits ~s)	dondurulmuş	[dondurulmuʃ]

triste (regard ~)	kederli	[kædærli]
vide (bouteille, etc.)	boş	[boʃ]
vieux (bâtiment, etc.)	eski	[æski]

28. Les verbes les plus utilisés. Partie 1

accuser (vt)	suçlamak	[sutʃlamak]
acheter (vt)	satın almak	[satın almak]
aider (vt)	yardım etmek	[jardım ætmæk]
aimer (qn)	sevmek	[sævmæk]
aller (à pied)	yürümek, gitmek	[jurymæk], [gitmæk]
allumer (vt)	açmak	[atʃmak]

annoncer (vt)	anons etmek	[anons ætmæk]
annuler (vt)	iptal etmek	[iptaʎ ætmæk]
appartenir à ...	... ait olmak	[ait olmak]
attendre (vt)	beklemek	[bæklæmæk]
attraper (vt)	tutmak	[tutmak]
autoriser (vt)	izin vermek	[izin værmæk]

avoir (vt)	sahip olmak	[sahip olmak]
avoir confiance	güvenmek	[gyvænmæk]
avoir peur	korkmak	[korkmak]
battre (frapper)	vurmak	[vurmak]

boire (vt)	içmek	[itʃmæk]
cacher (vt)	saklamak	[saklamak]
casser (briser)	kırmak	[kırmak]
cesser (vt)	durdurmak	[durdurmak]
changer (vt)	değiştirmek	[dæiʃtirmæk]
chanter (vi)	ötmek	[øtmæk]

chasser (animaux)	avlamak	[avlamak]
choisir (vt)	seçmek	[sætʃmæk]
commencer (vt)	başlamak	[baʃlamak]
comparer (vt)	karşılaştırmak	[karʃılaʃtırmak]
comprendre (vt)	anlamak	[anlamak]
compter (dénombrer)	saymak	[sajmak]

compter sur ...	... güvenmek	[gyvænmæk]
confirmer (vt)	tasdik etmek	[tasdik ætmæk]
connaître (qn)	tanımak	[tanımak]
construire (vt)	inşa etmek	[inʃa ætmæk]
copier (vt)	kopyalamak	[kopjalamak]
courir (vi)	koşmak	[koʃmak]

coûter (vt)	değerinde olmak	[dæ:rindæ olmak]
créer (vt)	oluşturmak	[oluʃturmak]
creuser (vt)	kazmak	[kazmak]
crier (vi)	bağırmak	[baırmak]

| croire (en Dieu) | inanmak | [inanmak] |
| danser (vi, vt) | dans etmek | [dans ætmæk] |

décider (vt)	karar vermek	[karar værmæk]
déjeuner (vi)	öğle yemeği yemek	[øjlæ jæmæi jæmæk]
demander (~ l'heure)	sormak	[sormak]
dépendre de …	… bağlı olmak	[ba:lı olmak]
déranger (vt)	rahatsız etmek	[rahatsız ætmæk]
dîner (vi)	akşam yemeği yemek	[akʃam jæmæi jæmæk]

dire (vt)	söylemek	[søjlæmæk]
discuter (vt)	görüşmek	[gøryʃmæk]
disparaître (vi)	kaybolmak	[kajbolmak]
divorcer (vi)	boşanmak	[boʃanmak]
donner (vt)	vermek	[værmæk]
douter (vt)	tereddüt etmek	[tæræddyt ætmæk]

29. Les verbes les plus utilisés. Partie 2

écrire (vt)	yazmak	[jazmak]
entendre (bruit, etc.)	duymak	[dujmak]
envoyer (vt)	göndermek	[gøndærmæk]
espérer (vi)	ummak	[ummak]
essayer (de faire qch)	denemek	[dænæmæk]

éteindre (vt)	kapatmak	[kapatmak]
être absent	bulunmamak	[bulunmamak]
être d'accord	razı olmak	[razı olmak]
être fatigué	yorulmak	[jorulmak]
être pressé	acele etmek	[adʒælæ ætmæk]

étudier (vt)	öğrenmek	[øjrænmæk]
excuser (vt)	affetmek	[afætmæk]
exiger (vt)	talep etmek	[talæp ætmæk]
exister (vi)	var olmak	[var olmak]
expliquer (vt)	izah etmek	[izah ætmæk]

faire (vt)	yapmak, etmek	[japmak], [ætmæk]
faire le ménage	toplamak	[toplamak]
faire tomber	düşürmek	[dyʃyrmæk]
féliciter (vt)	tebrik etmek	[tæbrik ætmæk]
fermer (vt)	kapamak	[kapamak]

finir (vt)	bitirmek	[bitirmæk]
garder (conserver)	saklamak	[saklamak]
haïr (vt)	nefret etmek	[næfræt ætmæk]
insister (vi)	ısrar etmek	[ısrar ætmæk]
insulter (vt)	hakaret etmek	[hakaræt ætmæk]
interdire (vt)	yasaklamak	[jasaklamak]
inviter (vt)	davet etmek	[davæt ætmæk]

jouer (s'amuser)	oynamak	[ojnamak]
lire (vi, vt)	okumak	[okumak]
louer (prendre en location)	kiralamak	[kiralamak]
manger (vi, vt)	yemek	[jæmæk]
manquer (l'école)	gelmemek	[gæʎmæmæk]
mépriser (vt)	hor görmek	[hor gørmæk]
montrer (vt)	göstermek	[gøstærmæk]
mourir (vi)	ölmek	[øʎmæk]
nager (vi)	yüzmek	[juzmæk]
naître (vi)	doğmak	[do:mak]
nier (vt)	inkar etmek	[iŋkjar ætmæk]
obéir (vt)	itaat etmek	[ita:t ætmæk]
oublier (vt)	unutmak	[unutmak]
ouvrir (vt)	açmak	[aʧmak]

30. Les verbes les plus utilisés. Partie 3

pardonner (vt)	affetmek	[afætmæk]
parler (vi, vt)	konuşmak	[konuʃmak]
parler avec …	… ile konuşmak	[ilæ konuʃmak]
participer à …	katılmak	[katılmak]
payer (régler)	ödemek	[ødæmæk]
penser (vi, vt)	düşünmek	[dyʃynmæk]
perdre (les clefs, etc.)	kaybetmek	[kajbætmæk]
plaire (être apprécié)	hoşlanmak	[hoʃlanmak]
plaisanter (vi)	şaka yapmak	[ʃaka japmak]
pleurer (vi)	ağlamak	[a:lamak]
plonger (vi)	dalmak	[dalmak]
pouvoir (v aux)	yapabilmek	[japabiʎmæk]
pouvoir (v aux)	yapabilmek	[japabiʎmæk]
prendre (vt)	almak	[almak]
prendre le petit déjeuner	kahvaltı yapmak	[kahvaltı japmak]
préparer (le dîner)	pişirmek	[piʃirmæk]
prévoir (vt)	önceden görmek	[øndʒædæn gørmæk]
prier (~ Dieu)	dua etmek	[dua ætmæk]
promettre (vt)	vaat etmek	[va:t ætmæk]
proposer (vt)	önermek	[ønærmæk]
prouver (vt)	ispat etmek	[ispat ætmæk]
raconter (une histoire)	anlatmak	[anlatmak]
recevoir (vt)	almak	[almak]
regarder (vt)	… bakmak	[bakmak]
remercier (vt)	teşekkür etmek	[tæʃækkyr ætmæk]
répéter (dire encore)	tekrar etmek	[tækrar ætmæk]
répondre (vi, vt)	cevap vermek	[dʒævap værmæk]

| réserver (une chambre) | rezerve etmek | [ræzærvæ ætmæk] |
| rompre (relations) | kesmek | [kæsmæk] |

s'asseoir (vp)	oturmak	[oturmak]
sauver (la vie à qn)	kurtarmak	[kurtarmak]
savoir (qch)	bilmek	[biʌmæk]
se battre (vp)	dövüşmek	[døvyʃmæk]
se dépêcher	acele etmek	[adʒælæ ætmæk]
se plaindre (vp)	şikayet etmek	[ʃikajæt ætmæk]

se rencontrer (vp)	karşılaşmak	[karʃilaʃmak]
se tromper (vp)	hata yapmak	[hata japmak]
sécher (vt)	kurutmak	[kurutmak]
s'excuser (vp)	özür dilemek	[øzyr dilæmæk]
signer (vt)	imzalamak	[imzalamak]

sourire (vi)	gülümsemek	[gylymsæmæk]
supprimer (vt)	silmek	[siʌmæk]
tirer (vi)	ateş etmek	[atæʃ ætmæk]
tomber (vi)	düşmek	[dyʃmæk]
tourner (~ à gauche)	dönmek	[dønmæk]
traduire (vt)	çevirmek	[ʧævirmæk]

travailler (vi)	çalışmak	[ʧaliʃmak]
tromper (vt)	aldatmak	[aldatmak]
trouver (vt)	bulmak	[bulmak]
tuer (vt)	öldürmek	[øldyrmæk]
vendre (vt)	satmak	[satmak]

venir (vi)	gelmek	[gæʌmæk]
vérifier (vt)	kontrol etmek	[kontroʌ ætmæk]
voir (vt)	görmek	[gørmæk]
voler (avion, oiseau)	uçmak	[uʧmak]
voler (qch à qn)	çalmak	[ʧalmak]
vouloir (vt)	istemek	[istæmæk]

www.ingramcontent.com/pod-product-compliance
Lightning Source LLC
Chambersburg PA
CBHW060029050426
42448CB00012B/2928